La Collection des Plus Belles Histoires

Histoire et civilisations

Versailles
la passion de Louis XIV

Jean-Christian PETITFILS

Timée-Editions

« Des livres ouverts sur Internet »
www.timee-editions.com

CHATEAU DE VERSAILLES

ISBN : 2-915586-27-6
Dépôt légal : octobre 2005

Imprimé en Italie

« Il aimait cette maison avec une passion démesurée »
Marquis de Sourches (1682)

Introduction

Versailles, prodigieux rêve de pierre, d'eau et de verdure, domaine enchanté d'harmonie et de majesté, est un lieu enveloppé de nombreuses légendes, que répètent avec une régularité quelque peu désespérante, les manuels scolaires...

Ainsi, ce n'est pas, comme d'aucuns l'ont dit, par désir de fuir Paris, dans la crainte d'une nouvelle Fronde, que Louis XIV choisit de s'établir en ce lieu sauvage et retiré. Disposant déjà d'un vaste domaine immobilier avec le Louvre, les Tuileries, Vincennes, Saint-Germain, Fontainebleau, Chambord, il veut surtout faire œuvre créatrice, imprimer sa marque dans la pierre comme dans l'Histoire. Sa décision de s'installer à demeure à Versailles date de 1677, soit vingt-cinq ans après la fin de la Fronde, et encore n'est-elle effective qu'en mai 1682.

Une autre légende a trait à la piété filiale qui l'aurait poussé à choisir ce lieu parce que son père Louis XIII y a édifié le premier château. Erreur manifeste ! Louis n'a jamais eu grande admiration pour ce père sévère et mélancolique, dont il ne parle pour ainsi dire jamais. S'il conserve la façade primitive de pierre blanche et de brique du côté de la cour de Marbre, c'est uniquement parce qu'elle lui plaît et qu'elle a été associée à sa propre jeunesse.

Plusieurs grands architectes ont participé à la création du château et du parc : Louis Le Vau, François d'Orbay, Jules Hardouin-Mansart... Mais s'il est un artiste et un seul à qui l'on doit, en premier lieu, rendre hommage, c'est bien le roi, à la fois grand bâtisseur et grand décorateur. Versailles est son œuvre personnelle, le fruit de sa volonté, de sa constance, de sa patience. Les architectes ont conseillé, tracé des esquisses et des plans, mais ils n'ont fait que suivre. C'est lui qui a suggéré, décidé, veillé aux détails. Ne rien négliger, ne rien abandonner à la médiocrité sont ses soucis majeurs, même lorsqu'il est aux armées. Et quelle détermination lui faut-il pour résister aux critiques acerbes ou sceptiques de son entourage rétif !

Certes, Versailles n'est pas sorti de terre d'un seul coup de baguette magique. Le roi a bon goût et un jugement sûr, mais il n'est pas guidé par un projet clair et arrêté de ce qu'il veut réaliser. Ses conceptions évoluent avec le temps, de sorte que son œuvre est faite d'improvisations, de tâtonnements et de repentirs, auxquels s'ajoutent les retards dus au manque d'argent et aux campagnes militaires. Le domaine est un perpétuel chantier. Durant presque tout le règne, le monarque et sa Cour sont contraints de vivre au milieu des échafaudages, des blocs de marbre, des statues en caisse et d'une armée tourbillonnante d'ouvriers. « Il n'y a pas un endroit à Versailles qui n'ait été modifié dix fois », écrit Madame, la princesse Palatine, belle-sœur du roi.

Versailles a coûté cher – comment en aurait-il été autrement ? –, mais il n'a pas été le tonneau des Danaïdes que d'aucuns se sont plu à évoquer. Une approche, probablement incomplète, est donnée par les *Comptes de Bâtiments du roi*. Chaque année, le roi n'engage à Versailles guère plus de 3 à 4 % des dépenses de l'Etat (à l'exception de l'année 1685 où la dépense est supérieure). Bâtiments et jardins compris représentent un peu plus de 70 millions de livres, l'équivalent de deux campagnes militaires, auxquels s'ajoutent environ 3,5 millions pour la machine de Marly et un peu moins de neuf millions pour les travaux inachevés de la dérivation de l'Eure. Les achats d'œuvres d'art, tentures, meubles, argenterie, les dépenses de fonctionnement et d'entretien et les frais divers de la Surintendance sont plus difficiles à évaluer. Le total dépasse sans doute les 100 millions de livres. Mais, en regard, quelle gloire, quel prestige immortels pour l'art français !

A plus d'un titre, cette aventure – cette épopée diront certains ! – subjugue. Il ne s'agit pas ici, naturellement, de conter de manière exhaustive l'histoire de Versailles sous le Roi-Soleil, ni de dresser un bilan de son long règne (qui a eu ses pages glorieuses et ses pages sombres), et moins encore d'aborder tous les aspects de la biographie du personnage. Le but de cet ouvrage, conformément à l'esprit de la collection, est plutôt d'entrer comme dans un tableau impressionniste – ou pointilliste si l'on préfère – dans la vie quotidienne du monarque, entouré de sa Cour, dans ce prodigieux décor de pierre, d'or, de verdure, d'eau et de lumière, chef-d'œuvre de l'art classique et monarchique, qui reste assurément au regard des siècles sa plus belle création.

Sommaire

• • • Ce n'est à l'origine qu'un « petit château de cartes », selon Saint-Simon. Mais Louis XIV, soucieux de manifester la grandeur royale par un château à sa mesure, veut en faire un symbole. Ainsi, dès 1664, Versailles devient le théâtre des fêtes les plus somptueuses, où la plus haute noblesse de France se bouscule • • •

1 Le château des plaisirs et des amours

Le moulin et la « piccola casa »

Un paysage doucement vallonné, fait de landes et de pâturages, désespérément coupés d'étangs et d'eaux stagnantes, telle se présente la terre seigneuriale de Versailles et du val de Galie en ce début du XVIIe siècle. Sur une butte s'élèvent un moulin et un vieux manoir abandonné...

…Un modeste logis de chasse, « petit château de cartes », comme dit le duc de Saint-Simon, est à l'origine du palais de Versailles…

Le roi Louis XIII aime s'y rendre à la chasse, sa passion préférée, car la région est fort giboyeuse. Pour éviter d'avoir à retourner le soir au Louvre ou à Saint-Germain, il décide, durant l'été de 1623, de construire un petit pavillon sans prétention – un corps de bâtiment et deux ailes en retour – une « piccola casa per ricreazione », comme dit l'ambassadeur de Venise.

Ce rendez-vous de chasse, à peine digne d'un gentilhomme, est rebâti de 1631 à 1634 par l'architecte Philibert Le Roy, mais n'est guère plus vaste, malgré des communs agrandis. Au-delà des fossés de brique et de pierre s'étendent une terrasse, un parapet et des parterres en broderie. Une pompe actionnée par un cheval tire l'eau de l'étang voisin de Clagny. Une quarantaine d'hectares, augmentés au fil des ans par des acquisitions complémentaires, constituent l'embryon d'un domaine qu'on n'ose dire royal. Le monarque, homme solitaire aux goûts simples, s'y retire fréquemment en compagnie de quelques familiers. De rares fois, les dames de la Cour y sont conviées pour d'aimables collations rustiques.

Ce château, son fils, Louis XIV, le découvre en 1651, alors qu'il n'a que treize ans. C'est le temps de la Fronde et il n'a guère le temps de s'y attarder, mais il y retourne les années suivantes. Etrangement, il se prend à son tour de passion pour cette butte ingrate et, comme il est un grand bâtisseur et qu'il aime à la fois la campagne et la compagnie, il y édifie un immense et luxueux « palais enchanté », prodigieux chef-d'œuvre de l'art classique,

agrémenté d'incomparables et fériques jardins. D'une demeure princière il fait le « palais du Soleil », lieu de résidence de la Cour et du gouvernement.

Plus tard, il prend plaisir à rappeler les débuts modestes de son immense palais, le plus beau du monde, bâti sur une butte où tournaient les ailes sombres d'un moulin. « Oui, Sire, lui réplique un courtisan, le moulin est parti, mais le vent est resté !.. »

Le roi Louis XIV, à l'âge de dix ans en costume royal.

Le château de jalousie

Le château de Vaux-le-Vicomte de nos jours. Sa magnificence a influencé Louis XIV pour la construction du château de Versailles.

Le 17 août 1661, Nicolas Fouquet, Surintendant des Finances, donne en son domaine de Vaux-le-Vicomte, près de Melun, une somptueuse fête où le roi et toute la Cour sont conviés. Avivant la jalousie du roi, cette fête précipite la disgrâce de Fouquet, tandis que Vaux sert de modèle, de préface à Versailles...

Louis XIV, qui a alors près de vingt-trois ans, s'est rendu déjà à deux reprises sur le chantier de Vaux, mais cette fois le château, flanqué de quatre pavillons d'angle à haute toiture, agrémentés de pilastres à chapiteaux ioniques, et coiffé d'une imposante coupole surmontée d'un lanternon, est quasiment achevé.

...Alors que chez les poètes de cour, Versailles rime encore avec broussailles, le fastueux Surintendant Nicolas Fouquet s'enorgueillit d'avoir bâti un magnifique domaine à Vaux-le-Vicomte ...

Le roi se promène dans les jardins, le long des « tapis de turquerie », découvre les bassins, la grotte de rocaille, avec ses monumentales statues, enfin le canal. Au bout de l'allée centrale, deux cents jets d'eau composent, de part et d'autre, une surprenante « balustrade de cristal ». Louis observe les fontaines, les parterres en broderie, le dessin des buis, les bosquets, les orangers en caisse. Après avoir gravi l'amphithéâtre fermant le parc, il médite longuement devant la grande gerbe « de la grosseur d'un homme et de la hauteur de vingt pieds ».

Le Surintendant des Finances Nicolas Fouquet (1615-1680).

Eblouissante est la fête avec sa collation, son théâtre de verdure où Molière joue la comédie-ballet des *Fâcheux*, ses illuminations et son feu d'artifice, avec la stridence de ses fusées et ses soleils incandescents. La leçon ne sera pas perdue.

Mais on n'éclipse pas le Soleil. La décision est déjà prise : Fouquet, accusé de « voleries » et de crime de lèse-majesté pour avoir fortifié Belle-Isle sans autorisation, sera arrêté dix-neuf jours plus tard...

Quant à l'équipe responsable de la splendeur de Vaux, l'architecte Louis Le Vau, le peintre Charles Le Brun et le jardinier André Le Nôtre, elle retourne au service du souverain et prend bientôt le chemin de Versailles.

Les plaisirs enchantés

De 1661 à 1665, Louis XIV aménage le château, bâtit deux nouvelles ailes pour les offices et les écuries et développe sensiblement les jardins. Versailles lui sert de résidence discrète, pour vivre en toute intimité ses amours avec une demoiselle d'honneur de sa belle-sœur, Louise de La Vallière, dont il a fait sa maîtresse.

C'est en l'honneur de Louise de La Vallière (1644-1710) que le roi organise une semaine de festivités à Versailles.

De plus en plus séduit par Versailles, où il achète des terres, étend le parc, installe une Ménagerie et une Laiterie, le roi ne s'y rend pourtant qu'en très petite compagnie. Personne ne peut le suivre dans ses promenades sans son autorisation. Pour les rares privilégiés qui en ont le droit, il imagine un habit bleu doublé de rouge avec veste brodée, qu'il distribue à ses intimes.

Déjà les dépenses sont considérables et affolent le ministre Colbert qui tient les cordons de la bourse. Il écrit sévèrement au roi : « Cette maison regarde bien davantage le plaisir et le divertissement de Votre Majesté que sa gloire... Ah ! quelle pitié que le plus grand roi... fût mesuré à l'aune de Versailles ! » Heureusement, Louis ne tient aucun compte de l'avis de ce grincheux...

...Au début du gouvernement personnel de Louis XIV, Versailles abrite les amours secrètes du jeune roi. La Cour ne s'y rend qu'à de rares occasions...

Du 7 au 14 mai 1664, se déroule à Versailles devant une Cour réduite à six cents personnes la Fête des « plaisirs de l'Ile Enchantée ». Le thème est inspiré d'un épisode du *Roland furieux* de l'Arioste. Les spectacles en plein air ont pour cadre les jardins, entre le futur parterre de Latone et le grand rondeau (futur bassin d'Apollon), où sont dressées de gigantesques machineries baroques et des architectures de verdure ou de carton. Sur une île on a bâti le palais de la magicienne Alcine. Le roi paraît déguisé en Roger à la tête de ses cavaliers. Tout est prétexte à ballets équestres, à musique triomphale où éclatent trompettes et timbales, à féeries. Molière et Lully se surpassent dans leurs ballets et leurs représentations théâtrales...

Ces magnificences de mai, agrémentées de festins, de courses de bagues et de loteries, font apparaître l'inconvénient majeur du lieu : l'exiguïté du château qui n'a pour ainsi dire pas changé depuis Louis XIII. Aussi les grands seigneurs se plaignent-ils au roi qu'ils ont, comme le dit Madame de Sévigné, « quasi un trou pour se mettre à couvert ».

La fête des « plaisirs de l'Ile Enchantée », à Versailles, en 1664.

Le Grand divertissement royal

De 1664 à 1668 l'aménagement des jardins se poursuit : sculptures, fleurs, verdure. Le roi veut des eaux jaillissantes, comme à Vaux, plus belles qu'à Vaux. Le Nôtre commence le creusement du Grand Canal. Et la Cour est conviée à venir admirer la maison dont le roi est amoureux... La maison, et surtout les jardins.

Vue du château et des jardins de Versailles en 1668.

Le 18 juillet 1668, deux mois après la signature de la paix d'Aix-la-Chapelle avec l'Espagne, Louis XIV offre une fête mémorable pour « réparer », comme il le dit, le carnaval manqué à cause du début de la campagne de Franche-Comté. Comme pour la fête des « plaisirs de l'Ile Enchantée », il prend un soin attentif aux préparatifs. La reine secrète de ces réjouissances n'est plus Louise de La Vallière, mais sa nouvelle conquête, l'éblouissante marquise de Montespan.

...Versailles, où séjours, spectacles et fêtes se multiplient, occupe une place grandissante dans la vie de la Cour...

Après une promenade à pied, pendant laquelle le monarque fait admirer la nouvelle disposition des jardins, une collation est servie en fin d'après-midi au bosquet de l'Etoile : des pyramides de massepains et pâtes sucrées, de caramels et confiture sèche garnissent cinq buffets. Des fruits confits pendent des orangers. Puis, à proximité du parterre de Latone où se dresse un immense théâtre improvisé, orné de tapisseries et éclairé de chandeliers de cristal, quinze cents personnes assistent à la représentation de *Georges Dandin* de Molière, entrecoupée des intermèdes des *Fêtes de l'Amour et de Bacchus* de Lully.

De l'autre côté de l'Allée royale, une seconde collation est servie dans une autre salle de forme octogonale. La table du roi et des dames, disposée autour d'un mont Parnasse où trônent Apollon et le cheval Pégase, fait l'objet de cinq services de cinquante-six plats chacun.

Un troisième édifice éphémère sert de salle de bal, avec ses tribunes, ses statues de plâtre, ses guirlandes et ses imitations de porphyre et de marbre. La Cour est ravie.

La journée s'achève par une illumination du parc et du château, et un feu d'artifice crée la surprise et même un début de panique. On se cache dans les taillis. Les serpenteaux n'en fusent pas moins, courent, volent, se tordent, nous conte la chronique, jusque sous les robes des dames...

La flamboyante Françoise-Athénaïs de Montespan a remplacé Louise de La Vallière dans le cœur de Louis XIV. C'est en son honneur, cette fois-ci, que le roi déploie tout le faste de Versailles.

Le Vau, Le Brun et l'appartement des Planètes

Les fêtes champêtres ont fait ressortir l'exiguïté du petit château. En octobre 1668, le roi le fait envelopper par Louis Le Vau et son gendre François d'Orbay de trois façades de pierre blanche qui en triplent la superficie du côté des jardins, mais il conserve le château de brique et pierre de son père.

Le salon de Vénus.

A la fin de 1673 le monarque prend possession de sa demeure rénovée et agrandie, notamment de son somptueux appartement, auquel fait pendant celui de la reine. Chacune de ses sept pièces en enfilade, inspirées des *Sale degli Planeti* du palais Pitti de Florence, est dédiée à une divinité mythologique. Les thèmes dominants y sont l'Olympe et les héros de l'Antiquité. En haut du Grand Escalier (ou escalier des Ambassadeurs), on découvre le salon de Diane puis celui de Mars (salle des Gardes ou des Festins), de Mercure (qui sert d'antichambre), d'Apollon (c'est la Grande Chambre du roi), de Jupiter (qui est le cabinet du Conseil, avant de devenir le salon de la Guerre après la construction de la Grande Galerie), de Saturne ou petite chambre du roi. Celle-ci s'ouvre sur le parterre occidental, de même que la dernière, le salon de Vénus (ou petit cabinet du roi), qui donne également sur la terrasse à l'italienne, face à l'appartement de la reine.

...Les grandes transformations du château s'opèrent à partir de 1669. Versailles change de dimensions et devient une résidence royale digne de ce nom...

Maquette de l'escalier des Ambassadeurs.

L'appartement a pour objet de symboliser les qualités royales, ses exploits et les vertus de son gouvernement : l'amour, la chasse et le négoce, la victoire, les arts et les sciences, la magnificence, la justice, l'économie... La chambre du souverain est tapissée de brocart d'or et d'argent, dit brocart des Amours. Un extraordinaire mobilier d'argent (aujourd'hui disparu) vient en rehausser la splendeur. La décoration, où rivalisent marbres, glaces, bronzes dorés, et où abondent, selon le thème propre à chaque pièce, feuillages, guirlandes, casques, boucliers, caducées, carquois, lauriers, têtes de chiens et croissants, est réalisée par Charles Le Brun et ses élèves. Alexandre, Cyrus, Jason, César, peints sur les voussures ou les centres des plafonds, célèbrent inlassablement les louanges hyperboliques du souverain, incomparable soleil autour duquel gravitent les planètes. Nulle part davantage qu'en ce lieu éclatant et raffiné Louis fait figure de Roi-Soleil...

Les fêtes de 1674

Le décor est planté. La magnificence se déploie maintenant à la fois dans le château et dans les jardins. Le village de Versailles devient une ville où les courtisans, encouragés par le roi, construisent fébrilement des hôtels particuliers. Place à nouveau à la fête.

…« J'ai tant vu de merveilles que j'en ai été surpris », écrit à Colbert en octobre 1670 l'évêque de Fréjus, de passage à Versailles…

Elle se déroule sur plusieurs jours et débute le 4 juillet par une promenade dans les jardins suivie d'une collation servie au bosquet du Marais et une représentation de l'*Alceste* de Quinault et Lully dans la cour de Marbre. Le soir, dans l'appartement récemment meublé du roi se déroule un souper de « médianoche » (repas servi après minuit).

La seconde journée, le 11 juillet, commence par un concert devant le Trianon de porcelaine édifié à la mode chinoise, en faïence bleu et blanc. On y joue *L'Eglogue de Versailles* de Quinault et Lully. Le souper musical a lieu dans les jardins, dans le bosquet dit de la salle des Festins, au son des violons et des hautbois.

Troisième journée, celle du 19 : collation à la Ménagerie, promenade en gondoles et concert sur le grand canal, représentation du *Malade imaginaire* de Molière devant la grotte de Thétis. Quatrième journée, le 28 : collation au bosquet du Théâtre d'eau, nouvelle représentation des *Fêtes de l'Amour et de Bacchus*, promenade en calèches aux flambeaux jusqu'au Grand Canal, d'où est tiré un feu d'artifice, puis souper dans la cour de Marbre. Cinquième journée, le 18 août : collation dans un bosquet proche du bassin de Latone, représentation de l'*Iphigénie* à l'Orangerie, illuminations et feu d'artifice.

Le 31 août, la sixième et dernière journée s'achève par une fête de nuit sans précédent mise en scène par l'ingénieur Vigarani : Le roi et la Cour prennent place dans des barques dorées et des gondoles, voguent sur le Grand Canal, transformé en « glace de cristal », éclairée par 650 lumières. Sur fond musical venu des

Représentation de l'opéra de Quinault, Alceste, *dans la cour de Marbre du château de Versailles, en 1674.*

gondoles, on voit apparaître des statues de Neptune, de nymphes, le char d'Apollon, des chevaux marins, des pyramides, des fontaines, un palais de Thétis... Dans l'apothéose de cette nuit fantastique, château et jardins offrent alors l'éblouissant visage d'une architecture de rêve, de fête et de lumière.

. . . Le château de Versailles ne sera pas complètement achevé durant le règne de Louis XIV. Mais le roi n'en a cure, trépigne d'impatience, et s'installe définitivement en 1682. Au milieu des courtisans et des ouvriers, il se passionne pour son ouvrage et participe pleinement aux travaux, décide des améliorations à apporter, des agrandissements nécessaires. Il n'a de cesse d'en montrer la magnificence à tous. A travers Versailles, c'est son propre reflet que Louis XIV veut contempler . . .

2 LA CITÉ DU SOLEIL

Le grand Versailles

Versailles, éclatante réussite architecturale, va devenir l'instrument de la grandeur, la manifestation de l'absolutisme royal, le centre du pouvoir. Pour cela, il va héberger la Cour et le gouvernement du royaume. La décision est prise en 1677.

…Versailles devient le palais du Soleil…

Au regard de l'Histoire, Louis veut être fondateur plutôt qu'héritier et se servir des Beaux-Arts pour laisser sa propre marque dans la pierre, tandis que ses lourds canons de bronze – où s'inscrit sa fière devise *Nec pluribus impar* – remodèlent les frontières encore incertaines du royaume des lys.

La paix de Nimègue, signée en août-septembre 1678 avec les Provinces-Unies et l'Espagne, marque l'apogée du règne de « Louis le Grand » (comme on va désormais l'appeler). L'agréable et fastueux château campagnard, où seule une élite est ordinairement conviée, se transforme progressivement. Il devient le « palais du soleil », dont parle le poète Ovide dans ses *Métamorphoses*.

Afin de loger dans des appartements dignes d'eux le Grand Dauphin, les grands seigneurs et leur famille, le roi fait construire l'aile du Midi à partir de 1678 : c'est pour ainsi dire un autre château, accolé à celui de Louis XIII et à celui de Le Vau.

Dans un but éminemment politique, afin d'enchaîner la noblesse à sa propre gloire mais aussi d'avoir un œil sur elle, il décide de la loger et de la distraire. C'est pourquoi, de 1682 à 1684, il fait ériger le Grand Commun et les deux ailes des ministres. Enfin, la longue aile du Midi créant un déséquilibre du côté des jardins, il n'hésite pas, entre 1685 et 1689, à développer une aile symétrique, l'aile du Nord, qui donne sa dimension monumentale à cette ruche de pierre. Le gouvernement et la société de cour se trouvent ainsi concentrés en un lieu unique, et pour la première fois à la campagne.

Vue du château de Versailles depuis les Bassins du Dragon et de Neptune.

Une décision révolutionnaire

A Louis Le Vau et François d'Orbay succède un nouvel architecte qui est désormais le maître d'œuvre à Versailles, Jules Hardouin-Mansart, petit-neveu du célèbre François Mansart. Avec lui, le classicisme à la française l'emporte sur l'esprit italien.

De l'appartement du roi à celui de la reine s'étend depuis 1670 une belle terrasse centrale à l'italienne. Mais avec le climat maussade de l'Ile-de-France, cette disposition s'avère peu commode. Aussi, en 1679, Jules Hardouin-Mansart entreprend-il de la couvrir par une grande et prestigieuse galerie, flanquée de deux antichambres. Ce sera la galerie des Glaces et ses salons de la Paix et de la Guerre.

L'architecte Jules Hardouin-Mansart (1645-1708). On lui doit la galerie des Glaces.

Avec ses dix-sept arcades panneautées de miroirs, eux-mêmes assemblés par des baguettes fleurdelisées, ses marbres polychromes, ses hautes fenêtres cintrées, cette galerie, longue de soixante-seize mètres, reflétant le ciel et les jardins, est le chef-d'œuvre de Versailles.

Pour la décoration de la voûte, un premier programme iconographique centré sur Apollon ou Hercule, comme dans le grand Appartement, est d'abord envisagé. Il ne convient pas au roi. C'est alors qu'une décision révolutionnaire est prise par un conseil secret réuni autour de Louis XIV et de Charles Le Brun : on remplace cette grammaire décorative devenue trop banale, ce langage des allégories, par un cycle exaltant les hauts faits du règne, militaires, politiques et administratifs, pouvant être compris de tous. C'est le roi lui-même qui est célébré au plafond de la grande galerie, comme un héros supérieur à tous ceux de la mythologie ou de l'Antiquité, c'est l'histoire de son règne qui

...Le lieu le plus prestigieux de Versailles : la galerie des Glaces...

se donne à lire, depuis sa « prise de pouvoir personnel » en 1661 jusqu'aux victoires de la guerre de Hollande (1672-1678), en passant par les campagnes de la guerre de Dévolution (1667-1668).

Cette victoire des modernes sur les anciens est motivée par une évidente part d'orgueil. Le grand roi triomphant, auréolé du prestige et de la gloire de Nimègue – si chèrement disputés à l'Europe coalisée –, s'écarte de tout ce qui peut faire allusion à l'hérédité de la fonction royale au profit du seul culte personnel. Paradoxe pour un souverain héréditaire : le roi veut donner l'impression de ne pas avoir eu de prédécesseurs !

La galerie des Glaces, aujourd'hui.

6 mai 1682 : le roi se fixe à Versailles

Le roi est impatient d'emménager. Il passe l'hiver de 1682 à Saint-Germain, puis se rend à Saint-Cloud jusqu'à ce que les appartements de Versailles soient habitables. Le 6 mai, enfin, il s'installe.

...La Cour « pour toujours à la campagne » (Saint-Simon)...

Les courtisans sont furieux, au point que Louis laisse entendre que son installation n'est que provisoire, en attendant les travaux effectués à Saint-Germain. A la vérité, rien n'est prêt. Versailles est encore un immense chantier où s'affairent maçons, menuisiers et peintres dans le plus grand désordre. On vit au milieu des plâtras, des échelles, des colonnes, des blocs de marbre rare ou des statues en caisse. Ce n'est pas une entrée triomphale.

Vue du château de Versailles en 1722, prise de la Place d'Armes.

La dauphine doit quitter son appartement et emprunter celui de Mme Colbert. Le 21 septembre, la Cour se replie à Chambord, puis part pour Fontainebleau. Mais le roi n'a pas dit son dernier mot et revient à Versailles le 16 octobre.

Louis XIV, roi de France, décide de s'installer définitivement à Versailles.

Tout au long du règne, le château reste un perpétuel chantier, peuplé d'une foule besogneuse et tourbillonnante. Le roi piaffe. Les travaux n'avancent pas assez vite à son gré. Parfois l'argent manque, et les guerres interrompent l'entreprise. Pour les travaux de terrassement, la construction de nouveaux réservoirs, le creusement de plans d'eau, l'aménagement de l'Orangerie, le roi fait appel à ses troupes, à ses Suisses, au régiment du Dauphin. En 1684, la Grande Galerie est encore couverte d'échafaudages, au sommet desquels Le Brun et son équipe travaillent à la voûte. La dernière chapelle, chef-d'œuvre de Robert de Cotte, n'est consacrée qu'en 1710. L'Opéra ne sera construit que sous Louis XV.

Les ouvriers logent dans des tentes ou des baraques, couchent sur des paillasses. Leurs conditions de vie sont difficiles. En août 1684, on estime à 22 000 le nombre d'hommes employés à Versailles ou sur les chantiers environnants. En mai 1685, les effectifs s'élèvent à plus de 36 000. Des milliers d'ouvriers et de soldats meurent, soit par accident, soit frappés par des épidémies. Les indemnités sont faibles : 30 livres pour une jambe cassée, 60 pour un œil crevé. Cent livres pour la veuve d'un manœuvre mort dans un éboulement. Grèves et séditions ne sont pas rares. Œuvre de pierre, Versailles est aussi œuvre de chair, faite du sang et de la sueur des hommes...

Les appartements

L'installation définitive du roi et de la Cour nécessite une nouvelle disposition des principaux appartements d'apparat.

En 1673, le roi s'est installé dans un appartement d'apparat, clair et spacieux, au premier étage de l'aile donnant sur le parterre nord, le Grand Appartement. La construction de la grande galerie ayant amputé cet appartement de deux pièces, on en ajoute deux nouvelles à l'est. Ainsi est créée la célèbre enfilade dont la distribution n'a pas changé : salon de l'Abondance, salon de Vénus ou pièce de marbre, salon de Diane ou du Billard, salon de Mars ou du Bal, salon de Mercure ou chambre du lit, salon d'Apollon ou chambre du Trône et salon de la Guerre, ce dernier ouvrant sur la Grande Galerie.

L'antichambre de l'Oeil-de-Bœuf.

Cet appartement de prestige, le roi décide de le réserver à la vie de cour, et d'aménager pour lui un appartement « intérieur » ou de « commodité » donnant sur la cour de Marbre, comprenant notamment la salle des gardes, l'antichambre du grand couvert, la chambre et le cabinet du Conseil. La chambre du roi occupe longtemps une pièce d'angle de la cour de Marbre avant d'être installée en 1701 au centre du château, où l'on peut toujours l'admirer.

…Des appartements d'une richesse inouïe…

D'autres appartements marquent les contemporains d'un souvenir ébloui, notamment l'appartement de la reine, symétrique de celui du roi, donnant sur le parterre du Midi, avec sa salle des gardes, son salon de Mercure, son grand cabinet d'angle (absorbé par le salon de la Paix lors de l'édification de la Grande Galerie). Après la mort de la reine Marie-Thérèse, il est occupé par la dauphine puis par la duchesse de Bourgogne, épouse du petit-fils du roi.

La chambre du roi, telle qu'on peut la visiter de nos jours.

Il y a également l'appartement des Bains au rez-de-chaussée, avec son vestibule dorique, sa salle de Diane ou pièce ionique, son cabinet des Mois, son cabinet des Bains, ses parois de marbre, ses colonnes, ses chapiteaux, œuvres de Caffiéri, Lespagnandel et Temporiti, ses deux baignoires de marbre blanc et sa piscine octogonale taillée en un seul morceau de marbre de Rance… Cette suite de pièces, aujourd'hui disparues et que le roi s'est d'abord réservées, est donnée à Mme de Montespan et à ses enfants bâtards en 1685. Pour une favorite alors disgraciée, avouons qu'on pouvait rêver pire !

Louis XIV architecte

Avec la Cour qui s'accroît, on ne voit jamais assez grand ! D'autres bâtiments sont construits pour les Maisons du roi et de la reine. Après les écuries viennent le grand commun et l'aile de la surintendance. Et le Grand Trianon remplace le Trianon de porcelaine.

Le caractère du roi est porté à la minutie. A Versailles, tout le passionne, tout l'occupe et le préoccupe : les travaux de maçonnerie, l'agencement d'une décoration intérieure, la place d'une cheminée, la pose d'une statue et d'un scabellon, le liséré d'or à ajouter à une boiserie. Il annote les mémoires de ses architectes ou les rapports de Colbert. Bref, il « veille au détail de tout » et décide seul.

Ce n'est pas peu dire qu'il a l'œil du maître. En témoigne l'anecdote fameuse de la fenêtre de Trianon contée par Saint-Simon dans ses *Mémoires*.

En 1687, on détruit le Trianon de porcelaine pour édifier le Grand Trianon de marbre, celui que l'on admire aujourd'hui.

Vue actuelle du Grand Trianon.

Visitant le chantier où le bâtiment s'élève lentement, le roi s'aperçoit qu'une fenêtre est plus étroite que les autres. Il la désigne à Louvois, ministre de la Guerre, mais surtout surintendant des Bâtiments depuis la mort de Colbert. Louvois ne remarque rien et soutient que la fenêtre est aux bonnes dimensions. Le roi insiste le lendemain, mais l'autre, d'un caractère entier et brutal, n'en veut pas démordre. Louis convoque son jardinier Le Nôtre pour lui demander son avis. Devant les courtisans, les officiers des gardes et les spécialistes du Bâtiment, Louvois, piqué, s'emporte et soutient que la fenêtre est d'une largeur égale et ne dépare en rien la façade. Il faut la mesurer. Le Nôtre, qui n'aime point les discordes, se dévoue. Il se trouve en effet qu'elle est plus étroite de quelques pouces. Pourtant, Louvois garde la même hauteur de ton. Malgré sa modération habituelle, Louis XIV finit par s'emporter et ordonne au ministre de faire refaire la fenêtre. Il lui en gardera rancune...

...Les constructions se poursuivent, le roi est toujours vigilant...

Et Saint-Simon de prétendre que Louvois, sentant venir la disgrâce pour ces quelques pouces manquants, n'a plus qu'une ressource : susciter une nouvelle guerre, où il fera valoir ses talents ; ce sera la guerre de la ligue d'Augsbourg...

Le « bonhomme Le Nôtre », architecte et jardinier

Le Parterre Nord dans les jardins de Versailles, aujourd'hui.

Augmentés au fil du temps par les nombreuses acquisitions de terres et de bois avoisinants, les jardins de Versailles forment, avant l'agrandissement du château, l'essentiel du projet royal. Produit d'un immense effort collectif, ils sont essentiellement l'œuvre d'un homme en qui le roi place toute sa confiance : André Le Nôtre.

Né en 1613, André Le Nôtre est le fils du jardinier en chef des Tuileries ; il fréquente d'abord l'atelier du peintre Simon Vouet, où il fait la connaissance de Charles Le Brun et de Pierre Mignard. Nommé jardinier de Monsieur, frère du roi, il devient ensuite « dessinateur des plans et parterres de tous les jardins de Sa Majesté », puis, en 1658, Contrôleur général des Bâtiments et Jardins.

...Le « bonhomme Le Nôtre », immortel créateur des jardins...

Intégrant, dans une conception plus vaste, les travaux de ses prédécesseurs, tels Salomon de Caus ou Claude Mollet, il renouvelle l'art des jardins à Vaux-le-Vicomte, aux Tuileries, à Versailles, dans les autres châteaux royaux ou seigneuriaux. Sa réputation s'étend au monde entier. Il aime aménager de grands espaces dégagés, qu'il orne de parterres en broderie, de splendides bassins et rondeaux. Il sait à merveille créer la féerie et la surprise en utilisant avec art et adresse les espaces boisés, les bosquets, les charmilles. Il apprécie les jeux hydrauliques, qu'il développe avec des artificiers d'eau d'origine florentine, les Francine. Homme droit et honnête, désintéressé, il est l'ami du roi.

Le Contrôleur des Bâtiments, dessinateur des jardins du roi, André Le Nôtre (1613-1700).

Sa plus grande réussite naturellement est Versailles. Tout en épousant la configuration générale du terrain, ses jardins remodèlent profondément le paysage, en transformant des étangs croupissants et des mares informes en somptueuses pièces d'eau sculptées. Pour façonner de majestueuses perspectives, le roi, toujours pressé, n'hésite pas à transplanter des forêts entières d'Île-de-France ou de Normandie. Il fait venir des chênes, des tilleuls, des sycomores, des marronniers d'Inde, des ormes d'Artois, des conifères, des résineux du Dauphiné.

En magicien de l'harmonie, approuvé, aidé et soutenu par Louis XIV, Le Nôtre transforme et domestique la nature. C'est un combat de titans, un combat perpétuel.

L'art de « montrer les jardins »

Le roi aime se promener dans ses jardins, dont il est le concepteur avec Le Nôtre. Cette œuvre, il en est si fier, lui est si attaché, qu'il rédige de sa main, vers 1697, un opuscule intitulé Manière de montrer les jardins de Versailles, *plusieurs fois édité, qui se veut une promenade initiatique.*

Louis apprécie les longues allées, les immenses perspectives de verdure, les parterres festonnés. Il goûte les « tapis de turquerie », admire les statues, les fontaines, les cascatelles, les arbres rares et ses chers orangers en caisse. Il contemple les horizons boisés délicatement embrumés, se perd dans les cabinets de verdure.

…Les jardins sont riches de significations secrètes…

Ces jardins forment une œuvre allégorique assez hermétique à destination d'une élite cultivée. Au début, l'esthétique baroque et sa rhétorique grandiose l'emportent sur la raideur classique.

Avec leurs bassins, leur Grand Canal sillonné de galiotes et de gondoles, leurs jeux de verdure et d'eaux jaillissantes, leurs dragons, leurs divinités du panthéon grec, avec leur Ménagerie, leur Laiterie ou leur Labyrinthe qui cherche à créer la surprise du promeneur et son « ravissement » autour du thème des *Fables* d'Esope, ils se présentent comme une œuvre parlante, pédagogique. Mais c'est une œuvre codée et initiatique, nourrie de mythologie païenne et de symbolisme baroque, organisée autour d'Apollon, le dieu solaire qui jaillit sur son char au milieu des gerbes d'eau, personnifiant la puissance rayonnante de l'autorité royale. Elle forme un grand discours démonstratif et cosmique, ordonné autour de deux axes, célébrant les noces du Soleil (est-ouest) et de l'Eau (nord-sud). La course de l'astre divin symbolise la lutte de la vie et de la mort, de la lumière et des ténèbres, de l'ordre et du chaos primitif.

Vue du Bosquet des Trois Fontaines – qui vient d'être restauré – avec le château en perspective.

Au milieu du règne, les jardins subissent une discrète métamorphose : l'exubérance apollinienne, le lyrisme délicat et l'enchantement poétique du premier parc cèdent la place à la grandeur romaine, à la raideur impériale. Les antiques, en original ou en copie, arrivent de Rome par bateaux entiers. L'ordre classique l'emporte alors sur la féerie baroque. C'est la fin d'un certain esthétisme. Mais le roi toujours, comme dit Saint-Simon, se laisse conduire par le « plaisir superbe de forcer la nature ».

Louis XIV profite d'une promenade vers 1688 pour faire admirer ses jardins.

Les eaux, fierté et cauchemar

La création de nouveaux bosquets, la multiplication des fontaines, la magnificence exceptionnelle des eaux jaillissantes dont le roi tire orgueil nécessitent un système hydraulique de plus en plus complexe et accroît démesurément la consommation d'eau.

Lorsque les grandes eaux fonctionnent, pour la réception d'un prince ou d'un ambassadeur, dix mille litres d'eau doivent être fournis en deux heures. Ce ne sont plus quelques nappes où il faut puiser ni quelques ruisseaux qu'il faut détourner, mais des rivières, des fleuves entiers que l'on doit canaliser.

Les environs de Versailles sont méthodiquement explorés. On remue la terre et l'on construit des dizaines de kilomètres d'aqueducs. Le réservoir de Satory, l'étang du Val, celui de Trappes, de Bois-d'Arcy ne suffisant plus, il faut poursuivre les recherches du côté du cours oriental de la Bièvre et de l'Yvette. On aménage ensuite les étangs de Graisset et le réservoir du Montbauron, qui coûte des fortunes. C'est encore insuffisant.

Un gentilhomme liégeois, Deville, propose de construire en face de Bougival une énorme et prodigieuse machine capable, à l'aide de plusieurs pompes, de faire monter les eaux de la Seine à Versailles : telle est la machine de Marly, qui coûte le prix de plusieurs châteaux. Elle servira essentiellement au nouveau château du même nom.

Vue actuelle des grandes eaux à Versailles.

Louis se tourne enfin vers un projet gigantesque visant à conduire à son domaine une partie des eaux de l'Eure.

...Le roi est particulièrement fier de ses fontaines...

Des milliers de soldats sont lancés dans l'aventure. Il faut construire les impressionnants aqueducs de Berchères et de Maintenon. Certaines arcades sont deux fois plus hautes que les tours de Notre-Dame. Les travaux de l'Eure durent des années, coûtent près de neuf millions de livres et s'arrêtent avec la guerre de la ligue d'Augsbourg, après avoir fait des centaines de morts.

Le spectacle de l'eau, splendide et éphémère, est pour Louis XIV à la fois un bonheur et un tourment. La nature contraint à la mesquinerie le plus grand roi de la terre. Pour économiser les réserves, il arrive que l'on n'ouvre les vannes qu'à son passage et qu'on les referme sitôt après ! Grandeur et misère de Versailles !

La machine de Marly.

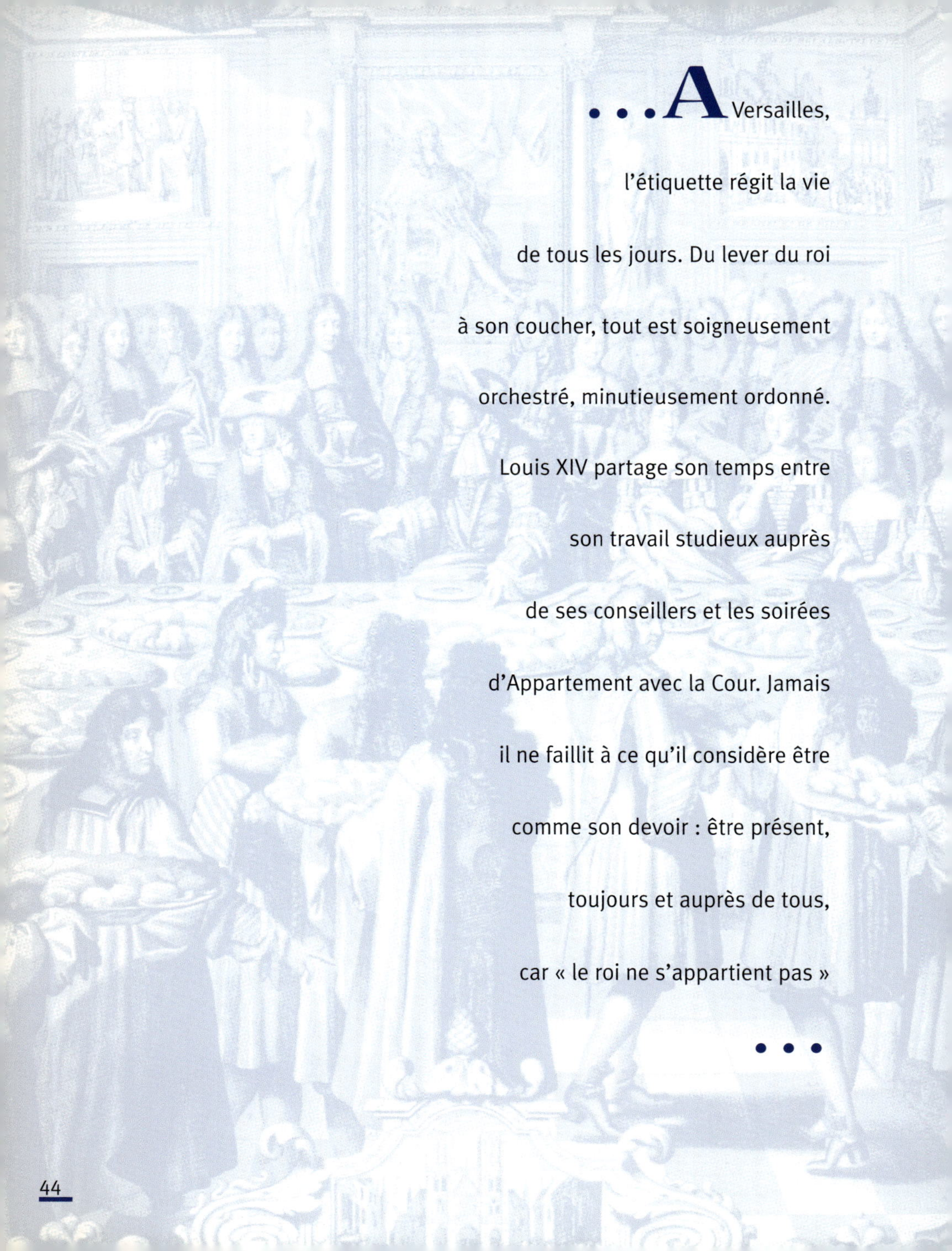

...A Versailles,

l'étiquette régit la vie

de tous les jours. Du lever du roi

à son coucher, tout est soigneusement

orchestré, minutieusement ordonné.

Louis XIV partage son temps entre

son travail studieux auprès

de ses conseillers et les soirées

d'Appartement avec la Cour. Jamais

il ne faillit à ce qu'il considère être

comme son devoir : être présent,

toujours et auprès de tous,

car « le roi ne s'appartient pas »

...

3 La vie quotidienne

Le lever du Soleil

La vie s'ordonne autour du souverain, dans une prodigieuse mécanique curiale aux rouages bien huilés. La journée du roi s'ouvre par le cérémonial du lever dans sa chambre, transférée en 1701 au centre du château, dans l'axe du lever du soleil au mois d'août.

…A Versailles, la vie de la Cour est régie tout entière par l'étiquette…

« Sire, voilà l'heure ! » A huit heures et demie, le premier valet de chambre réveille le roi. Entrent le premier médecin et le premier chirurgien qui s'enquièrent de la santé de leur patient. Le premier gentilhomme de la Chambre tire les courtines de velours rouge à galons d'or. On présente l'eau bénite au roi. Louis se lave les mains avec un peu d'alcool, récite l'Office du Saint-Esprit, se lève, enfile une camisole de laine puis une ample robe de chambre et s'assied dans son fauteuil. Le barbier lui ajuste une perruque courte « à la brigadière » et, un jour sur deux, lui fait la barbe.

C'est le cérémonial du « petit lever » auquel n'assistent que les officiers de la Chambre et de la Garde-robe, les enfants royaux, les princes et quelques rares courtisans bénéficiant des « grandes » entrées. Ces rares privilégiés peuvent échanger quelques mots avec le roi ou quémander une faveur sans passer par les audiences.

Suivent les « secondes entrées » réservées au médecin et au chirurgien ordinaires, à l'apothicaire-chef, aux secrétaires de cabinet, aux lecteurs de la chambre, au contrôleur de l'argenterie et aux gentilshommes titulaires d'un « brevet d'affaires » (qui les autorise à entrer chez Sa Majesté lorsqu'elle se trouve sur sa chaise percée !).

La foule des courtisans attend dans l'antichambre de l'Œil-de-Bœuf le « grand lever » qui commence vers neuf heures. Cardinaux, ambassadeurs, ducs et pairs, maréchaux de France, gouverneurs de province, présidents à mortier, ministres, secrétaires d'Etat et titulaires des charges de la Maison du roi pénètrent alors chez le roi.

Le lever du roi est l'occasion d'un cérémonial quotidien, auquel les dames ne sont pas admises.

Le monarque prend une légère collation, ôte sa robe de chambre, reçoit la chemise de jour des mains du Dauphin, boucle ses hauts-de-chausses, noue sa cravate, enfile sa veste et son justaucorps puis s'agenouille pour l'oraison. La prière terminée, il passe dans le cabinet du Conseil. Lentement, la foule se retire. C'est la fin de la cérémonie.

De la messe au Conseil

Après le cérémonial compliqué du lever, que le roi ne manque jamais lorsqu'il est à Versailles, le reste de la matinée est régi par des règles immuables.

Louis XIV tenant les sceaux en présence des Conseillers d'Etat et des Maîtres des Requêtes.

Quelques rares personnes ont le droit de l'accompagner dans son cabinet du Conseil, où il « donne l'ordre ». Tous les jours, entre dix et onze heures, le roi se rend à la messe. Sortant du cabinet, le cortège royal emprunte toujours le même

...Piété et travail occupent la matinée...

chemin : il passe d'abord par la Grande Galerie (galerie des Glaces), traverse l'enfilade du Grand Appartement, généralement bondé de courtisans, de provinciaux ou d'étrangers.

Pour les seigneurs empressés, c'est le moment de se faire voir. A l'aller ou au retour, il leur est loisible de lui glisser quelques mots, de lui faire remettre un placet, à la seule condition d'être connus et d'avoir prévenu au préalable le capitaine des gardes.

Le roi revient dans sa chambre ou dans le cabinet du Conseil. C'est le lieu de réception ordinaire des ambassadeurs ou des délégations des grands corps du royaume. Il lui arrive d'y voir ses musiciens ou ses écrivains préférés. Saint-Simon raconte dans ses *Mémoires* comment, après une longue disgrâce, Louis XIV lui accorda un bref entretien : « J'y trouvai le roi seul et assis sur le bas bout de la table du Conseil, qui était sa façon de faire quand il voulait parler à quelqu'un à son aise et à loisir... »

Presque tous les jours, Louis réunit ses ministres et secrétaires d'Etat. Les dimanches et mercredis, parfois aussi le lundi, se tient ce qu'on appelle le Conseil d'Etat, ou « Conseil d'en haut » : c'est l'organe suprême de la monarchie, où se prennent les grandes décisions du royaume, notamment en politique étrangère. Contrairement à une idée reçue, le roi ne décide jamais seul des grandes affaires de l'Etat, mais entouré de ses conseillers. Le Conseil des dépêches, pour les correspondances administratives avec les gouverneurs et intendants de provinces, se déroule un lundi sur deux, le Conseil royal des finances tous les mardis et samedis, et enfin le vendredi est le jour du Conseil de conscience pour les affaires ecclésiastiques. Le jeudi, il n'y a pas toujours conseil. Louis peut bavarder sans façon avec ses familiers. C'est presque un jour de récréation !

Le dîner

Après le travail de la matinée, le repas se prend vers une heure. Au XVIIe siècle, on appelle notre déjeuner le « dîner ». Comme tous les moments de la vie du roi, celui-ci donne lieu à un cérémonial bien réglé.

...Le déjeuner fait partie du rituel monarchique...

Louis est servi dans sa chambre. C'est ce qu'on appelle le « petit couvert ». Il est seul à table devant les courtisans debout. Monsieur, son frère, se tient respectueusement près de lui et lui présente la serviette. Mais parfois, sur l'invitation du roi, il s'assied et partage son repas.

Les plats et les boissons font l'objet d'« essais » de la part du service de la Bouche et du Gobelet, car l'on redoute toujours un empoisonnement.

Le roi, qui a un appétit pantagruélique, s'empiffre jusqu'à l'indigestion. A une époque où l'on ignore tout de la diététique, il se sert de ce trait de caractère pour prouver la robustesse de sa constitution. Sa boulimie culinaire va de pair avec sa boulimie de travail et de plaisirs. Au petit couvert, on lui présente trois services, composés chacun d'une dizaine de plats, qui rassasieraient plusieurs personnes. Même s'il se contente de picorer ça et là, la quantité de nourriture absorbée est considérable, phénoménale même. Le raffinement des mets est égal à leur quantité.

On connaît ses goûts. Il raffole des petits pois, des artichauts et des asperges que l'on cultive spécialement pour lui au Potager du roi. Il aime les œufs durs, les légumes, les viandes rôties, les volailles, les gibiers, les ragoûts servis avec des sauces sucrées ou épicées. Il apprécie aussi les langues de canard, les ris de veau, les petites anguilles, les sardines, les huîtres, les salades, et n'hésite pas à chaque repas à absorber plusieurs assiettes de potage ou de soupe au vin trempée de pain. Il fait des excès de fruits frais – de fraises notamment –, de confitures, biscuits secs, pâtes de groseille, d'écorce d'orange et de guimauve, de pâtisseries et autres friandises...

Dîner en présence du roi à l'hôtel de ville de Paris. Les courtisans, debout, entourent Louis XIV. Cette figure d'almanach n'est pas une représentation exacte.

Sans être de grands nutritionnistes, les médecins s'inquiètent. Ils n'ont pas tort. Il va jusqu'à dix ou douze fois à la garde-robe par jour. A son autopsie, on constatera une dilatation anormale du gros intestin...

Loisirs et travail

Après le dîner, Louis se dirige vers le cabinet du Conseil. Il s'arrête un moment à la porte pour écouter les quelques personnes de son entourage immédiat qui souhaitent lui parler. L'après-midi commence par la chasse ou la promenade, suivie du salut à cinq ou six heures, selon la saison.

...L'après-midi du roi est consacré aux loisirs et au travail...

Le roi n'oublie pas ses plaisirs particuliers. Souvent, l'après-midi, il se rend dans l'appartement de sa maîtresse, Mme de Montespan, qui fait suite à ses petits appartements. Plus tard, ce sera chez Mme de Maintenon, qu'il a épousée secrètement en 1683, et dont l'appartement de l'autre côté du château s'ouvre sur le vestibule de l'appartement intérieur du roi.

Jusqu'en juillet 1691, date de la mort de son brutal ministre de la Guerre, Louvois, Louis XIV gouverne en s'appuyant sur quelques grands ministres, Jean-Baptiste Colbert et ses succes-

Louis XIV jouant au billard, un loisir qu'il affectionne.

Louis XIV et la Cour chassent en vue du château de Meudon.

seurs et parents d'un côté, Michel Le Tellier et son fils François Michel, marquis de Louvois, de l'autre. Ces ministres animent de puissants clans, disposent d'un réseau de créatures étendant leurs ramifications sur tout le royaume. Le roi donne l'impulsion, arbitre en conseil les options présentées par les deux clans, mais laisse agir ses ministres pour l'exécution des décisions. Ne disposant pas d'une administration bien structurée qui lui soit propre, il joue de leur rivalité pour étendre son espace politique.

A partir de 1691, le roi s'implique davantage dans l'administration pour devenir l'unique gestionnaire du royaume. Ce n'est pas sans conséquence sur son emploi du temps de l'après-midi. Le rôle du Conseil du roi diminue. Le souverain travaille en tête à tête avec ses ministres et ses secrétaires d'Etat. C'est ce qu'on appelle la « liasse » ou le « travail du roi ». Pour traiter d'un problème particulier, il convoque un maréchal de France, un intendant de Marine, un intendant des Finances ou encore le lieutenant général de Police. Mme de Maintenon se plaint qu'ayant plus d'affaires que jamais, il ne consacre que deux ou trois heures par jour à la chasse et passe le reste du temps, de six heures du soir à dix heures, à lire, écrire ou dicter. Mais elle ajoute que les généraux sont ravis de recevoir des lettres « d'un style bien doux », de la main du roi.

Le souper

Le souper, c'est-à-dire notre dîner, se tient en public à dix heures. Avant 1690, il est servi dans l'antichambre de l'appartement de la reine, occupé depuis 1683 par la dauphine Marie Anne Christine Victoire de Bavière. Après 1690, date de la mort de la dauphine, le roi soupe en public dans l'antichambre de son appartement intérieur (« Salle où le Roy mange »).

…Le soir, le roi soupe solennellement « au grand couvert »…

Tel est le « grand couvert » durant lequel le roi soupe en compagnie du Dauphin, son fils, des ducs de Bourgogne, d'Anjou et de Berry, ses petits-fils, de Monsieur et de Madame la princesse Palatine, sa belle-sœur. La solennité est plus grande qu'au dîner « au petit couvert ».

Le roi, nu-tête, assis dans un fauteuil à haut dossier, le dos tourné à la cheminée, occupe seul un des côtés de la table rectangulaire, la famille royale se répartissant les pliants sur les autres côtés. Derrière lui, debout, se tiennent le Premier médecin et le capitaine des gardes du corps. La foule des curieux, nombreuse mais triée sur le volet, est admise à entrer par l'escalier de la reine et à regarder le roi se restaurer. Les duchesses et autres dames titulaires de grandes charges, en grand habit de cour à traîne, ont le droit de s'asseoir sur des pliants, les autres restent debout.

« Messieurs, à la viande du roi ! », annonce l'huissier en frappant de sa baguette la porte de la salle des gardes (« viande » désigne en fait la nourriture en général). Le repas se déroule selon un cérémonial complexe. La « nef », pièce d'orfèvrerie que les courtisans sont tenus de saluer comme s'il s'agissait du saint sacrement, renferme les serviettes humides destinées au roi. Elle est installée dans la salle des gardes, tandis que le « cadenas », pièce d'orfèvrerie qui contient son couvert, est posé sur la table. D'ordinaire, trois services se

Le mariage du duc de Berry est l'occasion d'un festin, au centre duquel trône Louis XIV. Figure d'almanach.

succèdent, représentant près d'une trentaine de plats. Le cortège des viandes, composé de gentilshommes, de valets et de gardes, carabine à l'épaule, part de la cuisine de l'aile du Midi. Le repas se prend en musique.

Pour manger, Louis XIV se sert de ses doigts et de son couteau, jamais d'une fourchette. Un jour, ses petits-enfants, Bourgogne, Anjou et Berry, qui osent s'en servir en sa présence, se font vivement rabrouer, comme s'il s'agissait de la dernière des impolitesses...

Le bougeoir et le bonsoir

Très souvent, après le repas, le roi reste une bonne heure dans son cabinet intérieur, au milieu de sa famille et de quelques intimes. D'autres fois, il se promène dans les grands appartements entouré de ses courtisans. Puis il regagne sa chambre, où se déroule le « coucher ».

...Dernière cérémonie de la journée : le coucher du roi ...

Cette cérémonie, elle aussi solennisée, se déroule comme une chorégraphie à l'image du lever royal, mais en ordre inverse. Le monarque fait sa prière et se déshabille, ou plutôt se laisse déshabiller. En robe de chambre, il donne l'ordre pour la nuit et le bonsoir à l'assistance. Les courtisans quittent la chambre royale pour le « petit coucher », auxquels ne peuvent participer que ceux qui possèdent les « grandes entrées ». Après avoir ôté sa robe de chambre, le roi se glisse dans son lit. C'est le moment où il échange quelques mots avec un courtisan, tandis que les autres se retirent. Puis on éteint les lumières et on ferme les rideaux du lit. Ne demeure dans la chambre que le premier valet de Chambre qui s'étend sur son lit et veille auprès du roi.

Avec cet art de distribuer des grâces avec de petits riens, le monarque a créé une faveur particulièrement recherchée des hauts personnages : celle de tenir le bougeoir en vermeil à deux bobèches pendant son coucher.

Au moment de la prière, l'aumônier de service tend le bougeoir allumé au premier valet de chambre qui le présente au roi lorsque celui-ci s'assied dans son fauteuil. Le roi jette un regard circulaire et désigne celui à qui revient cet insigne honneur. L'heureux élu ôte son gant, s'avance, tient quelques instants le précieux objet puis le rend au premier valet de chambre.

Ce n'est rien, et pourtant cette distinction dérisoire passe pour une faveur insigne dont on parle le lendemain à la Cour. Mais l'unique fois où le duc de Saint-Simon est désigné, c'est en avril 1702, quand celui-ci, prétextant des ennuis de santé, vient de démissionner de l'armée (« Hé bien, voilà encore un homme qui nous quitte ! » a dit le roi). La récompense prend alors la curieuse allure d'une muette réprimande !

La France veillant sur le sommeil du roi. Groupe en plâtre doré décorant le centre de l'alcôve, dans la chambre de Louis XIV.

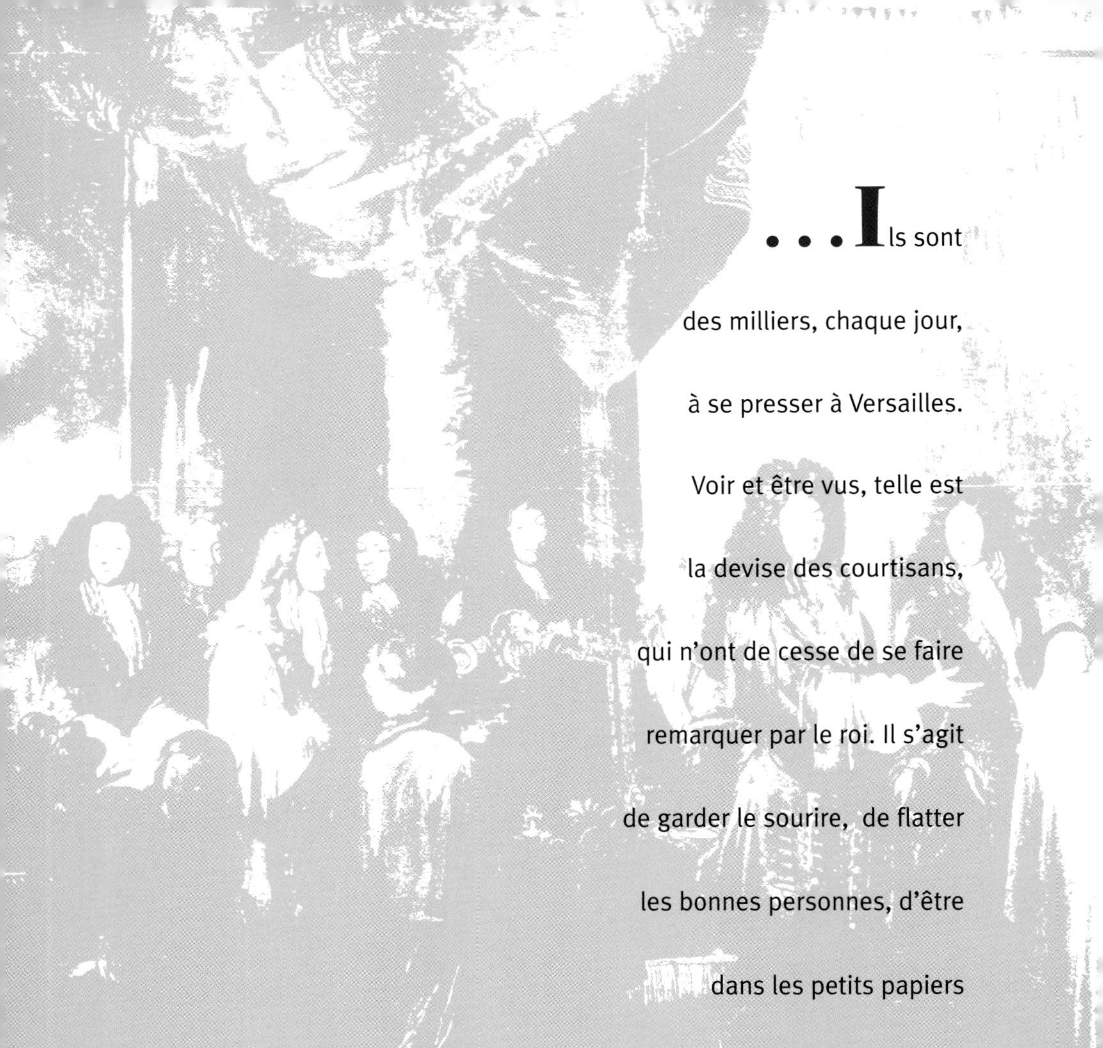

. . . Ils sont des milliers, chaque jour, à se presser à Versailles. Voir et être vus, telle est la devise des courtisans, qui n'ont de cesse de se faire remarquer par le roi. Il s'agit de garder le sourire, de flatter les bonnes personnes, d'être dans les petits papiers de la favorite, du Grand Dauphin... Au château, l'hypocrisie règne . . .

4 LE ROI ET SA COUR

Le théâtre de la Cour

Changement d'époque, rupture de style. L'installation définitive du gouvernement royal à Versailles fait disparaître la Cour légère, bohème et un peu folle des années 1660, qui passait son temps à se déplacer de château en château ou à accompagner le roi à la guerre. Désormais, l'ordre règne.

La reine Marie-Thérèse d'Autriche (1638-1683), ici avec le dauphin.

Huit à dix mille personnes se pressent à Versailles, mais en temps ordinaire ce sont trois mille personnes qui exercent des charges, souvent par « quartier » (le tiers de l'année). Tous ne peuvent loger au château ou dans ses dépendances, il faut donc habiter en ville.

Certes, ce n'est qu'une petite partie de la noblesse, mais les nobles attirés par le Soleil sont ceux qui disposent du plus grand nombre de clients ou de fidèles. La province copie la Cour de Versailles dans ses comportements et ses modes de vie. Les carrosses des grands seigneurs roulent sur toutes les routes de France : on retourne sur ses terres ou dans son gouvernement, on rend visite à ses amis, on parle dans les salons ou les académies, on s'écrit. Comme une traînée de poudre, la mode versaillaise et les règles

...La Cour est une machine aux rouages bien huilés...

du bon goût et du bon ton se diffusent.

Le culte rendu à la personne du roi revêt une dimension sacrée. Comme l'autel d'une église, son lit est protégé d'un « balustre » délimitant un espace sacré : même lorsque Louis XIV est absent, on fait la révérence devant lui, comme on fait la génuflexion devant le tabernacle... Le roi est le grand prêtre du mystère divin, qui distribue les grâces en toute liberté, le dieu qui donne et qui pardonne.

La marquise de Montespan entourée de ses quatre premiers enfants légitimés, vers 1677. Favorite royale, elle occupe une position de choix à la Cour de Versailles.

Mais que d'hypocrisie ! Un observateur italien, Primi Visconti, nous montre le monarque vivant avec ses favorites comme au milieu d'une famille légitime. La reine reçoit leur visite et celle de leurs enfants naturels. A la messe, lorsqu'on est à Saint-Germain, Mme de Montespan et ses enfants se placent sur la tribune à gauche, et la nouvelle maîtresse, Mlle de Fontanges, à droite, tandis qu'à Versailles Mme de Montespan est du côté de l'Evangile et l'autre sur les gradins du côté de l'Epître. « Enfin, conclut Primi, la Cour est la plus belle comédie du monde. »

L'art d'être flatteur

... Sans être totalement dupe, le roi est sensible aux flatteries**...**

Un des traits de domestication de la haute noblesse est d'avoir rendu son statut et sa position hiérarchique totalement dépendants du bon vouloir du souverain. Le courtisan considère que le plus grand honneur sur terre est de vivre continuellement auprès de lui, comme son « domestique ».

« Je me ruinerais de bon cœur pour l'être et je vendrais, comme le baron de la Crasse, mon dernier arpent de terre », écrit le maréchal de Luxembourg. Son père, le comte de Bouteville, a été exécuté par Louis XIII pour duel et son cousin, le duc de Montmorency, décapité à Toulouse en 1632 !

Le comble de la disgrâce est l'exil, vécu comme une excommunication. Bussy-Rabutin, le fameux cousin de Mme de Sévigné, assigné à vivre sur ses terres, supplie le roi de le rappeler : « Oui, Sire, je vous aime plus que tout le monde ensemble, et si je n'avais plus aimé Votre Majesté que Dieu même, peut-être n'aurais-je pas eu tous les malheurs qui me sont arrivés. » Hors de la Cour, point de salut ! « J'aime mieux mourir que d'être deux mois sans voir le roi », confesse le duc de Richelieu à Mme de Maintenon. Quand le marquis de Vardes revient

d'exil et paraît à la Cour, il a revêtu un vieux justaucorps qui fait s'esclaffer l'entourage : « Sire, s'exclame-t-il, loin de vous on n'est pas seulement malheureux, on est ridicule ! »

Cette dépendance pousse naturellement le courtisan à répandre l'encens des flatteries. « Ne trouvez-vous pas que j'ai vieilli ? », demande un jour Louis XIV à Le Brun. « Sire, lui répond l'autre, j'aperçois quelques campagnes de plus sur le front de Votre Majesté... » Le cardinal d'Estrées, à qui le roi se plaint de n'avoir plus de dents, lui réplique : « Des dents, des dents, Sire. Mais personne n'a plus de dents aujourd'hui ! » Le spirituel duc du Maine, fils naturel du roi, né de ses amours avec Mme de Montespan, a du mal à apprendre ses leçons. « Sire, dit-il à son père, je ne serai jamais qu'un ignorant ! Mon précepteur m'octroie une journée de congé chaque fois que vous remportez une victoire ! »

Quant au duc d'Uzès, à qui Louis demande quand son épouse enceinte doit accoucher, il pousse la flagornerie à répondre : « Ah ! Sire, quand Votre Majesté voudra ! »

Conversations des courtisans dans la galerie des Glaces.

Entre le ciel et l'enfer : la vie du courtisan

Derrière la façade brillante des fêtes, les éblouissantes soirées d'« Appartement », le divertissement des comédies, des bals, les promenades en gondoles sur le Grand Canal, tout n'est point rose dans la vie du courtisan.

La danse. Les bals de Versailles sont plus qu'un loisir pour le courtisan, c'est presque une obligation.

...Pour le courtisan, le ciel est proche de l'enfer...

Pour toute personne qui veut tenir son rang, la vie à Versailles implique d'abord des dépenses somptuaires – hôtel particulier, carrosses, chevaux, atours resplendissants, domesticité nombreuse... – auxquelles elle fait face par l'emprunt, le jeu, la quête incessante des pensions et des gratifications, qui accroissent sa sujétion.

Au milieu de la vaste cohue qui l'entoure, dans la jungle d'un palais immense où se bousculent gardes laquais, badauds, marchands et parasites en tous genres, l'homme de cour doit non seulement s'approcher du roi – ce qui n'est pas aisé –, mais s'attacher constamment à lui comme l'esclave à son maître. Pour rester à la mode ou garder son rang, pour conserver ses privilèges, les grâces et les bienfaits du roi, il lui faut épier le comportement de ses voisins, ses rivaux en puissance, saisir le moindre bruit de couloir, éviter les chausse-trapes, être capable de s'allier avec les puissances montantes, de s'écarter de ceux qui connaissent la défaveur.

S'entassant dans de minuscules et incommodes réduits, dans des conditions parfois ahurissantes, des caves aux combles du château, il lui est conseillé de se départir de sa mauvaise humeur, de ne jamais laisser éclater sa colère ou son découragement, de sourire même quand les tracas l'accablent, de masquer constamment ses vrais sentiments. Tout doit être accepté, intériorisé avec résignation comme le revers d'une situation pleine d'avantages.

Dans un milieu où s'exacerbent rivalités et intrigues, où se déploie le jeu des coteries, les coups bas sont légion. Pour ne pas tomber dans l'oubli ou la disgrâce, il faut être capable de mener de savantes stratégies, à seule fin de capter un regard de Sa Majesté, de sa favorite, d'un ministre, du confesseur ou même d'un simple commis bien introduit.

Pour être il faut paraître, pour paraître il faut avoir et pour avoir il faut plaire ! Telle est la règle d'or à Versailles. Mais pour rien au monde l'homme de cour ne renoncerait à ses chaînes !

Les fausses dévotes

Avec l'âge, Louis devient fort pieux. Il s'entretient fréquemment avec son confesseur le père de La Chaise, assiste non seulement à la messe quotidienne, comme il l'a toujours fait, mais aussi les jeudi et dimanche, aux vêpres et au salut, adore le saint sacrement. Les courtisans n'ont qu'une passion, imiter leur maître. Pour un peu, Versailles passerait pour un couvent !

...Le roi devient dévot, les courtisans se font bigots...

« Je crois que la reine a demandé à Dieu la conversion de toute la Cour, écrit Mme de Maintenon en septembre 1683. Celle du roi est admirable, et les dames qui en paraissaient les plus éloignées ne sortent plus de l'église... Les simples dimanches sont comme autrefois les jours de Pâques. »

L'hiver, quand la lumière est faible, les jolies femmes de la Cour prennent l'habitude d'allumer dans les tribunes de la chapelle de petites bougies qui leur servent à éclairer certes leur livre d'heures, qu'elles feignent de lire, mais surtout leurs beaux visages brûlant d'ardente piété. Il arrive parfois que le roi, pris par quelque affaire pressante, ne vienne pas. Brissac, major des gardes du corps, invite alors ses hommes à se retirer de la chapelle. Vite nos fausses dévotes soufflent leur lumignon, ferment leur gros livre de prières et laissent là leur prie-Dieu et leur tartuffe dévotion.

Un jour, Brissac, homme droit qui ne peut supporter l'hypocrisie, décide de leur jouer un bon tour. C'est le soir, le roi doit se rendre au salut. Les gardes sont postés, les dames déjà placées et leur lumière allumée. Il paraît à la tribune vide du roi, lève sa canne et dit à haute voix : « Gardes du roi, retirez-vous, rentrez dans vos salles ; le roi ne viendra pas ! » Murmures dans l'assemblée : les bougies s'éteignent et les places se vident. Quand l'assistance féminine, à trois ou quatre exceptions près, a vidé les lieux, les gardes réintègrent leur faction et Louis XIV paraît, bien étonné de trouver si peu de monde.

Dames de la Cour en conversation avec un abbé.

Au sortir de la chapelle, Brissac lui raconte ce qui s'est passé et il éclate de rire. L'histoire fait le tour de la Cour et, nous dit Saint-Simon, longtemps les victimes de cette plaisanterie ne rêvèrent que d'une chose : étrangler Brissac !

Les soirées d'Appartement

...La Cour aime les soirées d'Appartement...

Après l'installation définitive du roi à Versailles et l'aménagement sur la cour de Marbre d'un appartement intérieur, le Grand Appartement est consacré à la vie de cour. D'octobre à Pâques, les lundi, mercredi et jeudi, le roi y crée des soirées où ses invités peuvent se divertir de sept heures à dix heures du soir.

Le salon d'Apollon est aménagé en salle de musique et de danse. Dans le salon de Mercure, des tables de jeu sont dressées pour le roi et sa famille. On y joue avec passion de grosses sommes. Au salon de Mars, on peut assister à des bals ou à des concerts. D'autres jours, cette pièce est le lieu des divertissements des courtisans : cartes, dés, échecs, portique, bassette ou lansquenet. Dans le salon de Diane, où l'on a installé des banquettes et des estrades, trône le billard dont le roi fait ses délices. Les réjouissances parfois s'étendent au

Le jeu du portique est souvent à l'honneur à la Cour de Versailles.

Un buffet est dressé dans le Salon de Vénus afin de permettre à la Cour de se restaurer.

salon de la Paix (salon de jeux de la duchesse de Bourgogne) ou au Grand Escalier de marbre (escalier des Ambassadeurs, détruit en 1752).

Pour se restaurer, le salon de Vénus offre trois buffets, constamment réassortis, regorgeant de succulentes pyramides de pâtes de fruit, de confitures sèches et autres friandises, de citrons ou d'oranges. Des boissons chaudes et des rafraîchissements, vins, liqueurs ou sorbets, sont servis dans le salon voisin de l'Abondance.

Il faut imaginer ce somptueux cadre des plaisirs que forment les Grands Appartements et la Grande Galerie sous la lumière des centaines de bougies des lustres illuminant les tables, les guéridons, des torchères et girandoles jetant d'étincelants reflets sur le mobilier d'argent massif ou plaqué dessiné par Le Brun (il partira, hélas, à la fonte en décembre 1689 pour raison de guerre).

Les règles de l'étiquette sont allégées. Le roi, accompagné du capitaine des gardes du corps, circule d'une table à l'autre, parle sans façon aux uns et aux autres, arrête d'un geste bienveillant ceux qui veulent se lever. Mais il considère cette vie de représentation comme un devoir pour tout membre de la famille royale : « Madame, dit un jour Louis XIV à la dauphine, je veux qu'il y ait *appartement* et que vous dansiez. Nous ne sommes pas comme les particuliers ; nous nous devons tout entiers au public. »

Chahuts

...Certains jours, Versailles a ses « casseurs »...

Un si grand nombre de personnes vivent dans le château que celui-ci n'est pas exempt de temps à autre de bousculades, de mouvements de foule ou de grands chahuts.

Versailles, palais des rois mais aussi palais de la France, est très largement ouvert au public. Les courtisans vivent au milieu des ouvriers, des petits commerçants, des laquais, des porteurs d'eau. Les visiteurs, venus souvent des lointaines provinces, sont nombreux. Chacun veut admirer ses princes et la manière dont ils vivent. Pour pénétrer dans le domaine royal il suffit d'être correctement vêtu et de porter l'épée au côté. Les contrôles sont faits généralement avec bonhomie. Les actes de la vie royale sont publics, non seulement les repas au grand couvert, mais aussi la naissance des Enfants de France, car, selon la coutume, la reine est tenue d'accoucher devant des tiers afin qu'il n'y ait aucun doute sur le nouveau-né. Bref, le peuple à Versailles est chez lui.

Les jours de fêtes, la foule afflue au château. Désordres et bousculades sont fréquents. L'étiquette s'en trouve malmenée. Il arrive qu'un grand personnage, Monsieur, la reine, voire le roi lui-même, soit pris dans la cohue. Parfois surviennent des chahuts et de plus amples mouvements de foule. Ainsi, en 1682, à la naissance du duc de Bourgogne, premier petit-fils du roi, une immense vague de joie collective submerge le château. Les chroniqueurs rapportent que l'on s'étouffe dans les appartements et les galeries pour aller féliciter le roi. On applaudit frénétiquement à son passage lorsqu'il se rend à la surintendance, où la dauphine vient d'accoucher. Des jeunes gens, vite qualifiés de « canailles », sont pris d'une fureur de tout casser et de tout brûler : ils brisent les vitres de la surintendance, allument dans la cour de Marbre des feux avec les échelles et les échafaudages toujours présents. Pour un peu, le bois du chantier dans son ensemble serait parti en fumée. Même les chaises à porteurs sont de la fête ! Certains jettent dans le feu leurs propres habits. Les Suisses, au lieu de monter la garde, dansent autour du brasier. « Laissez-les faire, dit le roi en riant, pourvu qu'ils ne nous brûlent pas ! »

Naissance du duc de Bourgogne, premier petit-fils de Louis XIV, le 6 août 1682. L'événement est accompagné de quelques débordements.

Arsène Lupin à Versailles

Malgré la surveillance du château par les multiples gardes, valets et espions qui hantent les corridors ou surveillent le parc, les déprédations et les vols sont nombreux. Le mal semble inévitable...

...Versailles n'est pas peuplé seulement d'honnêtes courtisans, partout les maraudeurs rôdent ...

Les courtisans se font dérober leurs bijoux. Dans le parc, les statues sont mutilées, les conduites de plomb coupées. Quelques vols sont plus spectaculaires... Un beau matin de juin 1691, on découvre que certaines franges d'or des tentures cramoisies du Grand Appartement ont été coupées ! Bontemps, le premier valet de chambre du roi est au désespoir. Il fait entreprendre des perquisitions, mais les domestiques reviennent bredouilles.

Cinq ou six jours plus tard, alors que le roi soupe au milieu de ses courtisans, un gros paquet sombre, renflé en son milieu, « plus large qu'un chapeau de prêtre », lancé de la porte de l'antichambre, vole dans la pièce avant de s'abattre lourdement sur la table, au point de faire sauter les plats et les assiettes. Louis, imperturbable, tourne légèrement la tête et, sans s'émouvoir, déclare : « Je pense que ce sont mes franges. » On ouvre le paquet au milieu des murmures étonnés et on constate qu'il s'agit bien en effet du fruit du larcin. Un fragment de cette garniture est même tombé sur la perruque du roi. Les franges sont toutes emmêlées. Un billet roulé est joint à l'envoi. L'écriture semble contrefaite, avec de longs jambages, comme celle d'une femme. Le roi dit : « Voyons. » Les domestiques hésitent, n'osent le laisser toucher au roi, de crainte qu'il ne soit empoisonné, et finalement le lui lisent : « Reprends tes franges, Bontemps ; la peine en passe le plaisir. Mes baisemains au roi. » Le roi s'exclame, d'un ton à la fois détaché et solennel : « Voilà qui est bien insolent ! » Personne ne comprend comment ce volumineux paquet, fort lourd, a pu être lancé à l'insu de tous au milieu des courtisans. On ferme les portes, mais trop tard. Un inconnu, petit seigneur de Saintonge, d'abord suspecté, est innocenté.

Pour clore l'incident, le roi déclare que seul un fou a pu agir de la sorte. Evidemment, il ne pouvait imaginer qu'il y eût à Versailles un gentilhomme cambrioleur...

Derrière Louis XIV, on peut distinguer les fameuses franges.

Sire, Marly !

Parfois, le roi éprouve le besoin de se retrouver seul ou en petit comité, de vivre à la campagne. Pour échapper à la cohue versaillaise, il se réfugie alors au Grand Trianon, dont les colonnes de marbre rose font chanter les élégants parterres fleuris, ou à Marly, près de Louveciennes.

Construit de 1679 à 1686 par Jules Hardouin-Mansart dans un vallon encaissé, le pavillon royal, dit pavillon du Soleil, se présente comme un élégant château de deux étages, encadré de parterres. Il est bâti selon le plan de la villa Rotonda de Palladio, près de Vicence.

Vue du château et du parc de Marly.

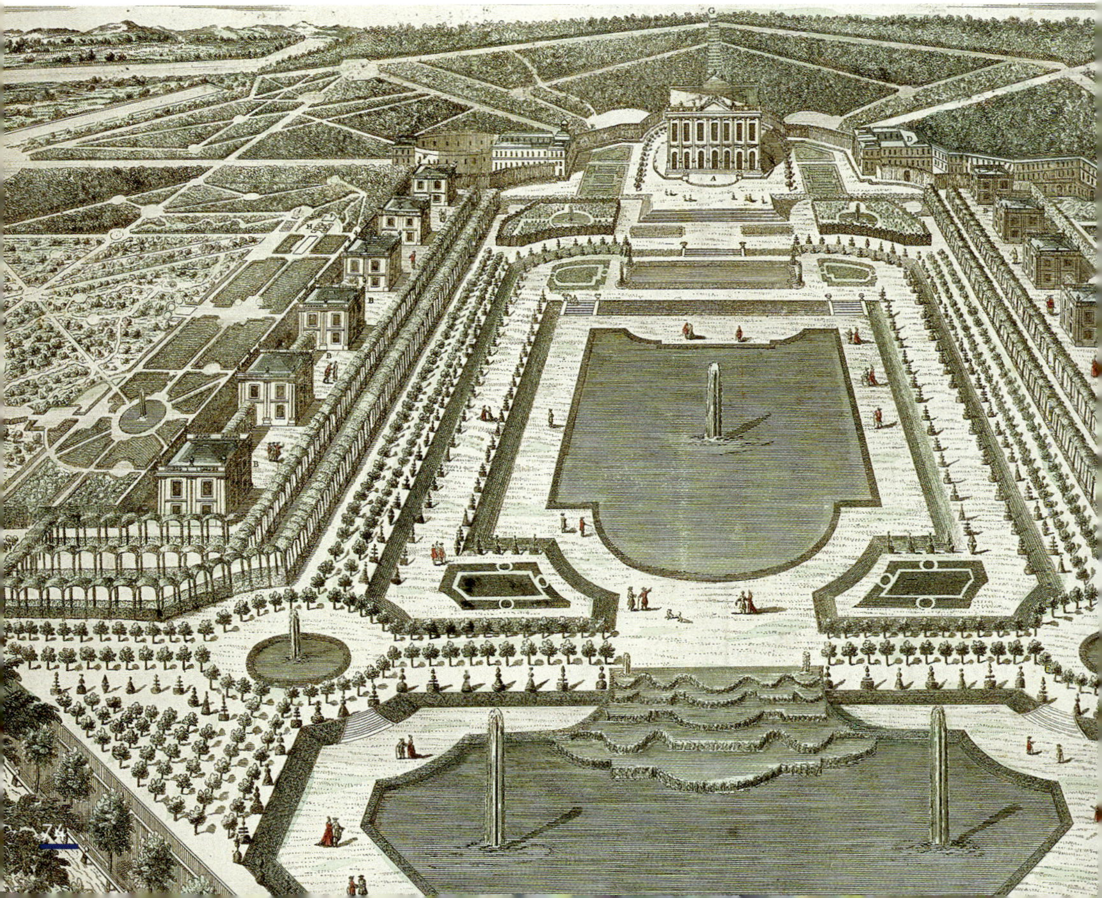

...Marly, la maison de campagne...

Face à lui s'étend une suite ravissante de miroirs d'eau, de cascades, d'allées d'arbres et de bosquets, entourant douze pavillons de trois à quatre pièces chacun, attribués à douze divinités, symboles des mois de l'année. Ces pavillons sont réservés aux amis et aux invités.

En ce lieu, le cérémonial est assoupli. On se promène longuement dans les jardins, où constamment fleurs et bosquets sont renouvelés. On écoute des concerts, on assiste à des comédies, on participe à des bals ou à des loteries, on joue au billard. Les hommes doivent rester couverts en présence du roi, s'asseoir devant les princes, et les dames viennent en toilettes de ville.

On ne peut se rendre à Marly que sur invitation personnelle. Il n'y a pas de passe-droit, même pour les membres de la famille royale. Cela devient une récompense, un privilège, et partant, pour le monarque, un moyen de gouvernement. « Sire, Marly ! », implorent l'avant-veille du départ les courtisans avides de partager l'« intimité » du roi... Au souper, les dames attendent fébrilement d'être désignées, car les invitations se font à leur nom, les maris ne faisant que suivre. Au fil des années, les séjours se multiplient. En 1714, ils représentent un tiers de l'année.

A chaque voyage, le roi lui-même dresse la liste de la cinquantaine de privilégiés qui auront l'honneur de le suivre. Le premier valet de chambre, Bontemps, est chargé de la diffuser. Que ne ferait-on pour être d'un « Marly » ? Un jour, à un courtisan particulièrement insistant le roi fait remarquer qu'il pleut. « Sire, lui répond l'autre, la pluie de Marly ne mouille pas ! »

... Versailles n'est pas une simple résidence royale, c'est avant tout un lieu chargé d'Histoire. On y intrigue en secret, on y rencontre les grands de ce monde, et on assiste à la construction de la légende du Roi-Soleil. Décidément, il semble que tous les chemins mènent à Versailles ...

5 Les grandes heures

Le mariage secret du roi

Quelques mois après la mort de la reine Marie-Thérèse, la dernière favorite, Mme de Maintenon, veuve du poète Scarron et ancienne gouvernante des bâtards nés de Mme de Montespan, épouse secrètement Louis XIV.

Le 26 juillet 1683, au retour d'un voyage en Bourgogne, Marie-Thérèse, en proie à une forte fièvre, doit s'aliter. Bientôt perce sous l'aisselle gauche un méchant furoncle, que les médecins ne parviennent à faire disparaître. Le 30, elle meurt dans l'agitation et les souffrances, après avoir reçu les sacrements de l'Eglise.

Cette petite Espagnole, timide et effacée, pieuse et charitable, mais susceptible et boudeuse, parlant mal le français, a vécu dans l'ombre du grand roi, à qui elle a donné six enfants dont cinq meurent en bas âge (seul le premier, Louis de France, le Grand Dauphin, parvient à l'âge adulte). « Depuis que je suis reine, soupire-t-elle avant de mourir, je n'ai eu qu'un seul jour heureux ! », celui de son mariage, bien sûr. En apprenant sa fin, le roi, plus attendri qu'affligé, s'écrie : « Voilà le premier chagrin qu'elle m'ait donné ! » Le cœur de la défunte est déposé au Val-de-Grâce et son corps, inhumé dans la crypte de Saint-Denis.

Par qui la remplacer ? Il faut fixer le souverain, mettre fin au scandale de ses débordements amoureux. C'est ce que pensent les dignitaires influents, notamment les gens d'Eglise, Bossuet, le père de La Chaise, confesseur du roi, Mgr Harlay de Champvallon, archevêque de Paris. Mais il n'est pas aisé de trouver en Europe la princesse idéale.

Pourquoi n'épouserait-il pas cette discrète marquise de Maintenon, devenue dame d'atour de la dauphine, avec laquelle il entretient de longue date une liaison ? Ce mariage serait privé et secret, car il n'est pas question de faire reine cette femme de petite noblesse. La pieuse conspiration se met en place. Louis, semble-t-il, hésite puis se résout à cette

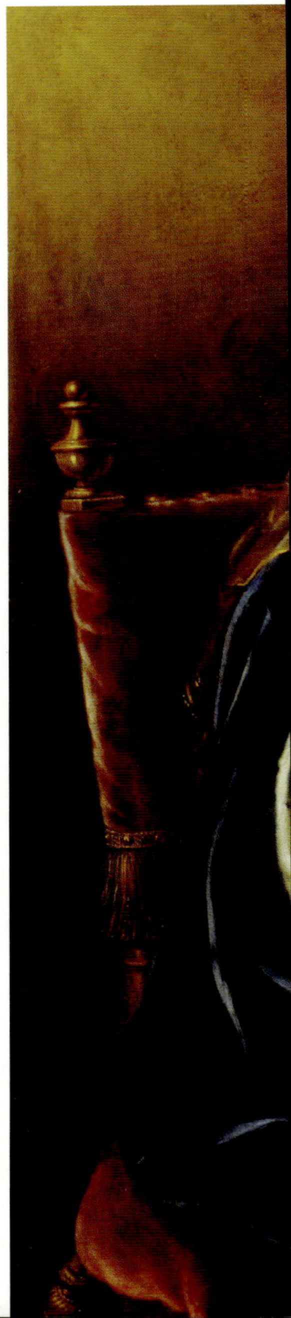

solution. Il épouse secrètement Mme de Maintenon en la chapelle de Versailles, sans doute dans la nuit du 9 au 10 octobre 1683. Les courtisans ne sauront rien de l'événement, mais le devineront. Pour eux Mme de Maintenon est devenue « Mme de Maintenant ».

...Mme de Maintenon, la reine secrète de Versailles...

Mme de Maintenon (1635-1719). Dernière favorite de Louis XIV, elle devient son épouse secrète à la mort de la reine.

Un doge à Versailles

La venue à Versailles du doge de la République de Gênes, le 15 mai 1685, est l'occasion d'un grand déploiement de faste et de magnificence.

Au moment où Louis XIV s'installe définitivement à Versailles, l'Europe est en émoi. Le roi, en effet, poursuit à coups de décisions de justice et d'opérations de force une politique pas toujours justifiée de « réunion » de villes et de territoires. L'Espagne déclare la guerre à la France, guerre de courte durée, car l'empire germanique, occupé par la lutte contre les Turcs, ne réagit pas.

…Louis XIV veut être craint et admiré de toute l'Europe…

Le roi ne pardonne pas à Gênes d'aider en sous-main les Espagnols malgré ses mises en garde, notamment en armant pour eux des galères. Son ambassadeur est malmené. En mai 1684, il envoie une flotte, commandée par Duquesne, faire une démonstration de force devant la ville. Celle-ci est violemment bombardée par 14 000 bombes et boulets qui n'épargnent pas le palais des doges. Mais Gênes ne se soumet pas. Louvois prépare une nouvelle expédition punitive et Louis XIV fait savoir au nonce du pape, qui cherche à apaiser la situation, « qu'il veut laisser un exemple mémorable de sa vengeance à tous ceux qui oseraient l'offenser ». La république est alors obligée de céder et son sénat décide d'envoyer à Versailles le doge en personne, Francesco Maria Imperiale Lercaro, malgré la constitution qui lui interdit de sortir de la ville.

Réparation faite par le doge de Gênes dans la galerie des Glaces de Versailles, le 15 mai 1685.

Le doge, accompagné de quatre personnes, est magnifiquement reçu par le roi le 15 mai 1685. Louis, au milieu de sa famille et de la Cour, est installé sur le trône de bois et d'argent sculpté, que l'on a placé dans la Grande Galerie, du côté du salon de la Paix. Le visiteur s'incline devant le « grand roi », fait sa soumission en présentant les excuses solennelles de la république et en exprimant « ses extrêmes regrets de lui avoir déplu ».

Le doge et sa suite sont bien traités. On les promène, on leur montre les appartements et les jardins. Il s'agit d'éblouir ces Génois impudents. Mais quand on demande au doge ce qu'il trouve de plus étonnant à Versailles, il répond : « C'est de m'y voir ! »

Le royal édenté

Longtemps le roi fait illusion. En réalité, sous l'apparence d'une forte constitution, il est souvent en mauvaise santé, comme en témoignent les journaux intimes de ses trois médecins successifs, Vallot, d'Aquin et Fagon.

... Le Roi-Soleil est un grand malade, mais ne veut pas que cela se sache**...**

Dès sa jeunesse, Louis XIV collectionne maux et maladies : la petite vérole, la scarlatine, la rougeole, la blennorragie, la gale, l'eczéma, les accès de fièvre... A vingt-cinq ans, l'appareil digestif se détraque. Comment pourrait-il en être autrement ? Il ne sait pas résister à son tempérament glouton ! On le purge, on le saigne, on le gave d'une pharmacopée étrange et inquiétante. Il n'a peur de rien, veut montrer sa force, braver la nature.

Mais c'est la nature qui se venge. Sa goinfrerie et ses excès répétés provoquent des indigestions, des bouffées de chaleur, des vertiges, des vapeurs, de violentes migraines, des crises de goutte, des « flux de ventre ». Ses nuits sont peuplées de cauchemars.

Alors qu'il est dans sa cinquante-septième année, il « se laisse aller, il s'affaisse, écrit sa belle-sœur, la princesse Palatine. Il paraît gros et vieux. C'est comme si Sa Majesté était devenue plus petite. Le visage est changé ; à peine est-il reconnaissable ; de jour en jour, il se ride davantage ».

Très vite sa dentition s'est délabrée. En 1685, il ne lui reste plus qu'une dent à la mâchoire supérieure et celles de la mâchoire inférieure sont gâtées. Dans leur insigne maladresse, les praticiens lui arrachent une partie du palais, de sorte que quand il boit le liquide lui coule du nez ! La plaie provoque une nécrose de l'os, qui dégage des odeurs « cadavéreuses ». Son premier chirurgien Félix décide de la cautériser en appliquant à quatorze reprises une pointe de feu. Louis supporte tout stoïquement, sans la moindre plainte. Sa gloire, son prestige de « plus grand roi du monde », la stature du héros achevé qu'il veut léguer à la postérité lui interdisent d'étaler ses misères ou ses faiblesses. L'art du roi est de transformer la souffrance en silence. Et c'est du grand art.

Louis XIV, âgé de soixante-trois ans, en grand costume royal.

Une étrange épidémie

Quand il ne peut dissimuler les défaillances de son corps, Louis XIV met en scène sa maladie comme un spectacle. La fameuse opération de la fistule en est l'exemple.

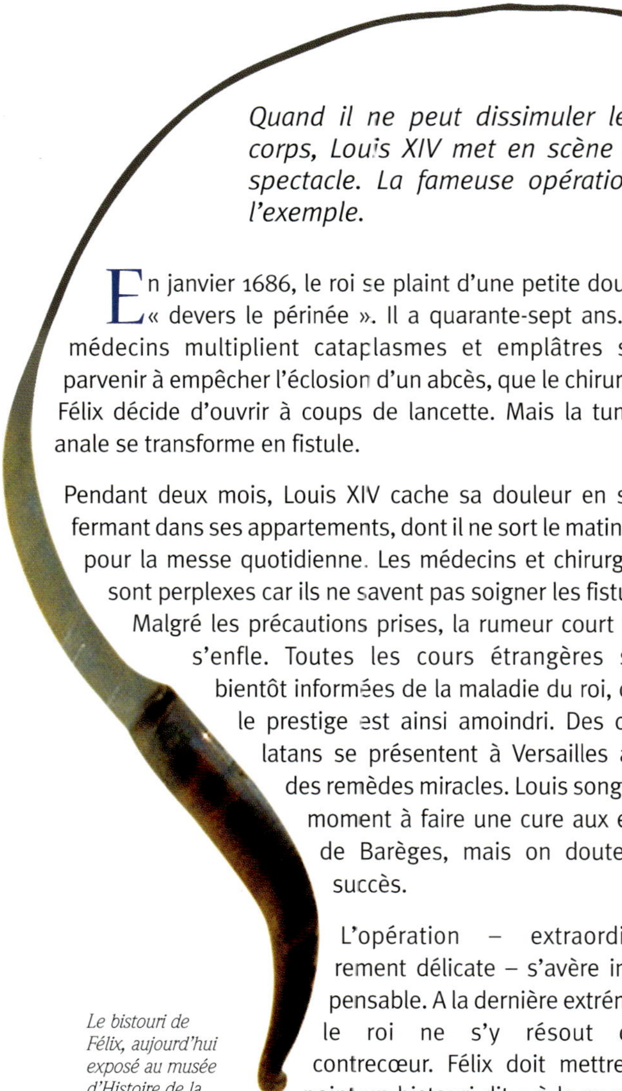

En janvier 1686, le roi se plaint d'une petite douleur « devers le périnée ». Il a quarante-sept ans. Les médecins multiplient cataplasmes et emplâtres sans parvenir à empêcher l'éclosion d'un abcès, que le chirurgien Félix décide d'ouvrir à coups de lancette. Mais la tumeur anale se transforme en fistule.

...Une opération bien douloureuse...

Pendant deux mois, Louis XIV cache sa douleur en s'enfermant dans ses appartements, dont il ne sort le matin que pour la messe quotidienne. Les médecins et chirurgiens sont perplexes car ils ne savent pas soigner les fistules. Malgré les précautions prises, la rumeur court vite, s'enfle. Toutes les cours étrangères sont bientôt informées de la maladie du roi, dont le prestige est ainsi amoindri. Des charlatans se présentent à Versailles avec des remèdes miracles. Louis songe un moment à faire une cure aux eaux de Barèges, mais on doute du succès.

L'opération – extraordinairement délicate – s'avère indispensable. A la dernière extrémité, le roi ne s'y résout qu'à contrecœur. Félix doit mettre au point un bistouri dit « à la royale »

Le bistouri de Félix, aujourd'hui exposé au musée d'Histoire de la Médecine, à Paris.

– grande lame courbe terminée par un stylet – dont on fait l'essai dans les hôpitaux sur des malades atteints d'un mal semblable.

Le 18 novembre, l'opération a lieu à Versailles dans le plus grand secret. La douleur est intolérable : on ne connaît pas l'anesthésie. Louis supporte l'intervention avec stoïcisme, ne donnant aucun signe de faiblesse. Il soupire seulement par deux fois : « Mon Dieu ! Mon Dieu ! » Cinquante-six jours plus tard, on apprend qu'il est rétabli. Le plein succès de l'opération déclenche les applaudissements de la Cour. Le monde entier admire le courage du roi, incomparable héros de la volonté.

Avec Le Malade Imaginaire *(1673), Molière a deviné les travers de son époque.*

Bientôt, une curieuse mode fait fureur à Versailles : plus de trente courtisans font savoir qu'ils souffrent du même mal que le roi et ne se déplacent qu'en faisant des contorsions. Ils veulent être opérés à leur tour et se désolent de s'entendre dire par les hommes de l'art qu'il n'y a aucune nécessité...

Le roi crée l'ancêtre de la Légion d'honneur…

Le 5 avril 1693, Louis XIV institue l'ordre royal et militaire de Saint-Louis. Le 9 mai, dans sa chambre à Versailles, il reçoit les premiers grands-croix de l'ordre en les adoubant de son épée sur les deux épaules.

Ce n'est pas le seul ordre de chevalerie qui existe alors dans le royaume de France. En août 1469 Louis XI a créé l'ordre

Première promotion des chevaliers de l'ordre de Saint-Louis par Louis XIV, à Versailles, le 8 mai 1693.

…L'ordre de Saint-Louis est le premier ordre de mérite créé en France…

de Saint-Michel, qui se porte avec un ruban noir moiré. Il récompense les gentilshommes ayant fait preuve de mérite à l'armée. Louis XIV le réforme en profondeur et le distribue à des savants, des médecins, des architectes ou des artistes qui, le cas échéant, sont anoblis par lettres patentes.

En décembre 1578, pendant les guerres de religion, Henri III a créé l'ordre du Saint-Esprit, le plus prestigieux des ordres de la Couronne, destiné à défendre la foi catholique et réservé à l'élite de la noblesse du royaume. La croix, dérivée de celle de l'ordre de Malte, porte en son centre, à l'avers, la colombe du Saint-Esprit et au revers une représentation de saint Michel terrassant le dragon (car ses titulaires sont automatiquement membres de l'ordre de Saint-Michel). Elle est attachée à un ruban bleu céleste. Dans les cérémonies annuelles, les chevaliers portent un grand manteau de velours noir doublé de satin orange brodé de flammes et orné sur le pourtour du dessin du collier.

Mais l'ordre de Saint-Louis marque une étape nouvelle dans l'histoire des ordres de chevalerie. C'est le premier, en effet, qui est attribué sans distinction de naissance, à seule fin de récompenser selon leur seul mérite les officiers catholiques, nobles ou non nobles. Une hiérarchie est créée : grand-croix, commandeur, chevalier. La croix porte en son centre le portrait de saint Louis sur fond d'émail rouge. Elle est attachée à un ruban moiré couleur feu. Elle jouira d'un prestige considérable lors de la guerre de Succession d'Espagne.

« Ce puissant auxiliaire enfanta des prodiges de valeur. L'argent n'était d'aucun prix auprès de cette distinction. » C'est ce qu'écrira plus tard Napoléon Bonaparte, qui saura se souvenir de cet ordre aboli par la Révolution pour créer la Légion d'honneur, décoration de mérite récompensant cette fois indifféremment civils et militaires.

Un château pour deux rois

Le 9 novembre 1700, Louis XIV, alors à Fontainebleau, apprend la mort de son cousin Charles II d'Espagne et la désignation par le défunt, qui n'a pas d'enfant, de son successeur sur le trône de Madrid : son propre petit-fils, Philippe, duc d'Anjou.

Louis XIV présentant les plans du château de Versailles.

Le roi hésite longtemps avant d'accepter ce testament providentiel. Il prend conseil. Cruel dilemme. Il a signé avec l'Angleterre et la Hollande un dernier traité de partage de l'empire espagnol. En acceptant le testament, qui donne à la maison de Bourbon la totalité de cet empire, colonies comprises, il sait qu'il risque la guerre avec ces deux puissances maritimes, mais en le refusant, la confrontation avec l'empereur de Vienne, Léopold, qui vise aussi la succession, est inévitable, et peut-être même avec les puissances maritimes dont il doute de la parole. La conclusion finit par s'imposer au roi : mieux vaut faire la guerre pour toute la succession que pour une partie.

Le mardi 16 novembre, Louis est à Versailles. « Ce fut ce jour-là, écrit dans son *Journal* le marquis de Sourches, que se passa la plus grande et la plus extraordinaire scène qui se fût jamais passée dans

...Le petit-fils de Louis XIV devient roi d'Espagne...

l'Europe. » A son lever, le roi convoque le duc d'Anjou – un grand garçon blond, timide et modeste – et l'ambassadeur d'Espagne Castel dos Rios. « Messieurs, dit-il en s'adressant à l'assistance, voilà le roi d'Espagne ! La naissance l'appelait à cette couronne, le feu roi aussi par son testament ; toute la nation l'a souhaité et me le demande instamment, ce que je leur ai accordé avec plaisir ; c'était l'ordre du Ciel. »

Se tournant vers son petit-fils, il ajoute : « Soyez bon Espagnol, c'est présentement votre premier devoir ; mais souvenez-vous que vous êtes né Français, pour entretenir l'union entre les deux nations. » L'enthousiasme est général. Pendant trois semaines, il y a deux rois à Versailles, Louis XIV et son petit-fils Philippe V, qui ne prendra la route de Madrid que le 4 décembre et que l'on installe avec magnificence dans le Grand Appartement.

Jour faste pour Versailles, le 16 novembre 1700 annonce aussi la plus meurtrière guerre du règne de Louis XIV : celle de Succession d'Espagne (1702-1714).

Philippe V, roi d'Espagne (1683-1746), ici représenté vers 1700 en costume espagnol.

• • • Louis XIV aime s'entourer de sa famille, qu'elle soit légitime ou... légitimée. Soucieux de ne pas partager son pouvoir, pas plus que d'accepter qu'on lui fasse de l'ombre, il se comporte néanmoins avec une certaine bonté avec ses proches. Au mépris d'un étiquette qui lui est pourtant si chère, il n'hésite pas à favoriser les alliances entre « enfants de l'amour » et ceux « de la couronne ». La joie de ses vieux jours ? L'espiègle duchesse de Bourgogne, sa petite-fille par alliance, envers qui il manifeste une coupable faiblesse • • •

6 EN FAMILLE

Dans l'ombre du père

Louis XIV est très attaché à sa famille, ses deux familles peut-on dire, la légitime et l'illégitime (les enfants qu'il a eus de Mlle de La Vallière et de Mme de Montespan). Vis-à-vis d'elles, il se comporte en pater familias, *protecteur vigilant et exigeant.*

Son fils légitime, le seul survivant du couple royal, est Louis de France, né le 1er novembre 1661. Le roi a tenu à lui donner une éducation parfaite. Le grand Bossuet, alors évêque de Condom, est l'un de ses précepteurs.

Louis XIV lui-même écrit des *Mémoires*, afin de lui transmettre le goût et l'art de régner.

...Le fils du roi, Louis de France, dit Monseigneur, ne règnera pas...

Cette éducation très complète – trop complète sans doute car on l'abreuve de connaissances – se révèle un pitoyable échec. Au lieu de devenir le modèle parfait du prince humaniste et savant, Monseigneur prend en aversion les études. D'un naturel gai et simple, l'héritier du trône est écrasé par des maîtres sévères et rigides. Il est paralysé de surcroît par la crainte révérencielle de l'image du père. Il trouve une compensation dans la chasse, notamment la chasse au cerf et au loup, dont il raffole. Il est doté d'une robuste constitution et capable de passer des heures à cheval sans fatigue.

Sans être un prince brillant et spirituel, ce prince généreux, sans doute un peu mou et apathique, ne manque pas de qualités. A la guerre, il est aimé des soldats et, comme son père, fait preuve d'un grand courage. C'est aussi un homme de goût, un amateur avisé de spectacles, d'opéras notamment, et un remarquable collectionneur de porcelaines, de vases rares, de tableaux, de bijoux... Son appartement à Versailles, au rez-de-chaussée du corps central, du côté du parterre du Midi, est alors un éblouissant musée.

En 1680, il épouse Marie Anne Christine de Wittelsbach, sœur de l'électeur de Bavière Maximilien Emmanuel, une femme dévote, vertueuse et effacée. Elle lui donne trois héritiers, Louis, duc de Bourgogne, Philippe, duc d'Anjou, futur Philippe V d'Espagne, et Charles, duc de Berry, et meurt en 1690.

Il imite son père en tout. Meudon lui sert de Marly. Il va jusqu'à prendre une favorite, Emilie de Choin, obscure demoiselle d'honneur, laide, mais gaie, qu'il épouse secrètement vers 1694. C'est en quelque sorte sa « Maintenon » à lui.

Le fils de Louis XIV, Louis de France (1661-1711), dit le Grand Dauphin.

Monsieur, frère du roi

Né deux ans après le roi, son frère Philippe duc d'Anjou puis d'Orléans, dit Monsieur, est l'un des personnages les plus importants de la Cour. Pourtant, il y occupe une place un peu marginale.

... Monsieur, frère du roi, ne représente pas pour celui-ci un grand danger**...**

Louis XIV a pour lui beaucoup d'affection, malgré ses limites et ses insuffisances qui ne lui échappent pas. C'est en effet un personnage aimable et bienfaisant, mais léger et vaniteux, grand amateur de fêtes, de falbalas et de plaisirs, qui mène une vie oisive. Très attaché aux usages et aux honneurs, il connaît comme personne les règles de l'étiquette et de la bienséance, n'ignore rien des généalogies des grandes familles européennes et pousse le goût du commérage jusqu'à la médisance. Si Monsieur n'est pas comme Monseigneur, son neveu, un grand chasseur, ils sont tous deux fins collectionneurs et amateurs d'arts avisés.

En avril 1677, durant la guerre de Hollande, il montre sa bravoure militaire en battant Guillaume d'Orange au val de Cassel. Il est vrai qu'il a été fortement épaulé par le maréchal de Luxembourg, un des plus remarquables hommes de guerre de son temps. Mais l'opinion est enthousiaste. On crie : « Vive Monsieur qui a gagné la bataille ! » Louis XIV en conçoit de la jalousie. Aussi décide-t-il de l'éloigner désormais de toute grande responsabilité opérationnelle. A la vérité, il peut se rassurer : avec ce frère-là, il n'aura pas les mêmes difficultés que son père avec Gaston d'Orléans, l'éternel conspirateur.

Louis déplore assurément ses mœurs, blâme son goût du « vice italien », autrement dit son homosexualité, abhorre ses mignons, mais il s'accommode fort bien de sa faiblesse de caractère. « Il peut être avantageux à celui qui règne, écrit-il dans ses *Mémoires*, de voir ceux qui le touchent par leur nais-

Philippe de France (1640-1701), duc d'Orléans, appelé Monsieur, est le frère de Louis XIV.

sance beaucoup éloignés de lui par leur conduite. »

Monsieur ne vit pas constamment à Versailles. Il aime Paris et ses spectacles et réside souvent au Palais-Royal. Il se rend aussi à son domaine de Saint-Cloud, dont les jardins sont redessinés par Le Nôtre. C'est là qu'il meurt le 9 juin 1701, foudroyé par une crise d'apoplexie, après une vive altercation avec le roi. Celui-ci en éprouve de profonds remords et traite avec bonté son neveu, Philippe, duc de Chartres, qui hérite de l'immense apanage de son père et de son titre de duc d'Orléans.

Le secret de « Liselotte »

Philippe d'Orléans, dit Monsieur, frère du roi, après avoir perdu sa première femme Henriette d'Angleterre, épouse en novembre 1671 la fille de l'électeur palatin, Elisabeth Charlotte de Bavière, Liselotte, comme on la surnomme.

Elisabeth Charlotte de Bavière (1652-1722), princesse Palatine, seconde épouse du duc d'Orléans.

Elevée dans une petite cour princière allemande rustique et sans étiquette, Liselotte détonne dans le milieu raffiné de la cour de France. Fière, imbue de sa race, bougonne et colérique, elle est d'une rude franchise. Elle raffole de la chasse et paraît toujours coiffée de son éternelle

…La belle-sœur de Louis XIV, Madame Palatine, est l'un des personnages les plus pittoresques de la Cour…

perruque d'homme. Avec son mari, frivole pantin enrubanné, elle forme un étonnant contraste, celui d'une amazone unie à un hermaphrodite.

Avec l'âge, elle s'épaissit, devient hommasse. « Ma taille est monstrueuse de grosseur, écrit-elle en 1698, je suis carrée comme un dé, la peau est d'un rouge mélangé de jaune, je commence à grisonner, j'ai les cheveux poivre et sel, le front et le pourtour des yeux sont ridés, le nez est de travers comme jadis, mais festonné par la petite vérole, de même que les joues ; je les ai pendantes, de grandes mâchoires, les dents délabrées ; la bouche est un peu changée, car elle est devenue plus grande et les rides sont aux coins : voilà la belle figure que j'ai ! »

Elle vit alors retirée dans ses appartements, passant son temps à rédiger une immense correspondance destinée à ses parents et amis étrangers, dans laquelle elle étale ses humeurs, ses passions, ses jugements abrupts, ses répulsions, ses nostalgies germaniques, son « petit religion à part soi » (protestante, elle a dû se convertir au catholicisme), mais aussi sa nature honnête, vertueuse, franche et sensible. Les lettres de cette infatigable échotière (plusieurs milliers, la plupart inédites) sont pain bénit pour les historiens : en raison de sa position, la duchesse d'Orléans est, en effet, un témoin exceptionnel de la Cour et de son temps.

Liselotte méprise son mari, déteste Mme de Maintenon, l'épouse du roi, et a un secret qu'elle garde enfoui au fond de son cœur : fascinée par Louis XIV, elle éprouve pour lui un amour aussi fort que refoulé.

Un « fanfaron de crimes »

Philippe, fils de Monsieur et de sa seconde femme, Elisabeth Charlotte, princesse Palatine, est né en 1674 et représente la nouvelle génération qui apparaît à la fin du règne de Louis XIV. D'abord titré duc de Chartres, il deviendra duc d'Orléans à la mort de son père en 1701.

Il reçoit une excellente éducation de son précepteur l'abbé Guillaume Dubois, à la fois classique et moderne, ouverte à l'expérience et aux sciences exactes de l'époque. C'est un élève brillant, qui joint à une vaste culture une immense curiosité. Il s'intéresse à la politique, aux finances, à la physique, aux arts et aux lettres, fait du théâtre, peint à merveille tableaux ou miniatures, compose plusieurs opéras avec ses maîtres, Gervais, Bernier, Desmarets et surtout Marc Antoine Charpentier.

Sur les champs de bataille, il fait preuve de remarquables qualités militaires et, pendant la guerre de Succession d'Espagne, révèle des talents insoupçonnés de stratège et de chef d'armée. Mais il a d'autres occupations peu courantes pour un prince : à Paris, au Palais-Royal, il se fait construire un laboratoire où il effectue des recherches de chimie avec un savant hollandais. Cela inquiète.

Bon et indulgent de caractère, c'est un grand timide. Il est sceptique sur le plan religieux, joue à l'esprit fort, aime scandaliser les tartuffes de la Cour. Faible, influençable, il est soumis à de mauvaises fréquentations, et l'alchimie, l'ésotérisme, la sorcellerie, la démonologie le tentent un moment.

Il a un tempérament fort sensuel. Contrairement à son père, il aime les femmes, fréquente les comédiennes, les filles d'opéra, avec lesquelles il s'enivre jusqu'au petit matin et dont il a plusieurs enfants naturels.

Le neveu de Louis XIV, Philippe (1674-1723), futur duc d'Orléans.

Louis XIV a pour lui des sentiments partagés : d'un côté, il est agacé par ce prince trop brillant qui semble dérober la gloire réservée à son bâtard chéri, le duc du Maine ; de l'autre, malgré ses frasques et son goût pour les plaisirs, il lui conserve une certaine indulgence. Mais, à partir de 1696, quand il apprend qu'il fraye avec des sorciers, il le tient à distance. Il n'aime ni ses débordements libertins ni son penchant pour la provocation. « Mon neveu, laisse-t-il tomber un jour, est un fanfaron de crimes. »

...Le turbulent neveu de Louis XIV sera son successeur comme Régent du royaume...

Le soufflet de Madame

Le roi interdit aux membres de sa famille de se mêler de politique. En revanche, en bon Capétien, il se sert d'eux pour sa politique matrimoniale et ses combinaisons dynastiques.

...Louis XIV est un grand marieur...

En 1680, afin d'attirer la Bavière dans son orbite, il marie son fils, Monseigneur, à la princesse Marie Anne Christine de Wittelsbach, fille de l'électeur Ferdinand Marie. En vue d'affermir les liens avec l'Espagne, il organise l'union de sa nièce Marie Louise d'Orléans, fille de Monsieur et d'Henriette d'Angleterre, au roi Charles II. Cette douce jeune fille est malheureuse à l'idée d'épouser cet être malingre, d'une laideur repoussante. Elle supplie le roi de lui épargner cette épreuve. Il lui répond qu'elle est « fille de l'Etat ». Elle doit donc se plier à son triste destin, dans une Cour hostile, où elle meurt dix ans plus tard d'une maladie ressemblant fort à un empoisonnement. Pour des raisons identiques, sa sœur Marie Anne s'unit à Victor-Amédée II, duc de Savoie, et sa demi-sœur, Elisabeth Charlotte, fille de Madame Palatine, épouse Léopold Joseph, duc de Lorraine...

Louis XIV unit aussi par des mariages ses deux familles, la légitime et l'illégitime : Mlle de Blois, née de ses amours avec Louise de La Vallière, épouse le prince de Conti. Son autre fille, Mlle de Nantes, se marie au duc de Bourbon et son fils bâtard, le duc du Maine, à la petite-fille du Grand Condé.

Louis médite enfin l'union de son neveu, Philippe, duc de Chartres, et de la seconde demoiselle de Blois, Françoise Marie... Cette fois, Madame Palatine, horrifiée par les souillures de la bâtardise sur le sang de France, s'y oppose. Elle fait jurer à son fils qu'il refusera toujours cette fille de Mme de Montespan, issue d'un double adultère. Mais le roi, s'appuyant sur l'abbé Dubois, parvient à faire céder Philippe. Madame est courroucée. Saint-Simon la voit dans la galerie des Glaces, pleurant, parlant fort et gesticulant. Le lendemain, Chartres,

Françoise Marie de Bourbon (1677-1749), seconde demoiselle de Blois, est la fille de Louis XIV et de Mme de Montespan.

l'air penaud, s'approche de sa mère pour lui baiser la main. La robuste Allemande lui applique alors un soufflet si sonore qu'il est entendu de tous, couvrant de confusion le pauvre prince et comblant « les infinis spectateurs, dont j'étais, conte encore Saint-Simon, d'un prodigieux étonnement »...

Les caprices d'Adélaïde

... Un nouvel astre apparaît dans la Cour vieillissante du Roi-Soleil**...**

La guerre de la ligue d'Augsbourg s'éternisant, Louis XIV conclut avec le duc Victor-Amédée II de Savoie une paix séparée à Turin, en août 1696. Une des stipulations du traité est le mariage de la princesse Marie-Adélaïde, fille du duc, avec le duc de Bourgogne, petit-fils du roi et héritier du trône.

Marie-Adélaïde de Savoie (1685-1712), représentée ici en habit de chasse au château de Fontainebleau.

C'est une enfant exquise, pleine de charme. Elle n'est pas d'une grande beauté, avec ses joues flasques, ses lèvres épaisses, son front trop bombé, son « nez qui ne dit rien », mais elle a un regard sombre et vif, une belle peau et de longs cheveux blonds.

Le mariage, le 27 décembre 1697, est marqué par de somptueuses réjouissances à Versailles. Elle a douze ans et son mari quinze. Aussi leur vie de couple est-elle reportée à plus tard. Le duc de Bourgogne a été pieusement et sévèrement élevé par Fénelon. Lui non plus n'est point beau. « Il est bossu et contrefait au point d'être boiteux, quoique ses jambes soient très belles et parfaitement proportionnées », écrit Madame Palatine.

Cette délicieuse gamine, pleine de vitalité et de naturel, apporte de Turin un air frais qui semble fouetter toute la Cour.

Moqueuse et babillarde, elle a la gaieté vive et sauvage d'un petit lutin décidé à faire la fête. Elle saute, sans retenue, des bras d'un fauteuil sur les genoux du roi ou de Mme de Maintenon. Elle les « embrasse, dit Saint-Simon, les baise, les caresse, les chiffonne, leur tire le dessous du menton, les tourmente, fouille leurs tables, leurs papiers, leurs lettres les décachette, les lit quelquefois malgré eux... » A table, elle chante, danse sur sa chaise, grimace, déchire les poulets et les perdrix dans les plats, trempe les doigts dans les sauces et tutoie son beau-père, Monseigneur. « Il est impossible d'être plus mal élevée », dit la Palatine qui critique la familiarité de ce petit lutin que commence à taquiner la coquetterie. Au contraire, le roi en raffole. Il s'amuse d'elle et lui passe tous ses caprices.

La duchesse de Bourgogne, âgée ici de quinze ans. Sa gaieté enchante les dernières années de Louis XIV.

Il joue les grands-pères gâteaux et ce rôle ne lui déplait point. Il sera moins gai quand il découvrira, après la mort prématurée de la princesse, qu'elle envoyait régulièrement des rapports d'espionnage à son père. « La petite coquine nous trompait », soupirera-t-il, désabusé, devant Mme de Maintenon.

La sphinge

Le « règne » de Mme de Maintenon s'étend sur trente-deux ans. Son rôle politique à la Cour, ses interventions en coulisses dans les affaires de l'Etat restent difficiles à cerner.

Son goût du secret, des petites intrigues de boudoir, des manœuvres d'antichambre l'ont desservie auprès des historiens du XIXe siècle qui l'ont chargée d'à peu près toutes les fâcheuses affaires de la seconde moitié du règne (révocation de l'édit de Nantes, dévastation du Palatinat, persécution des jansénistes), allant jusqu'à en faire le mauvais génie du roi.

Il est certain que, sous des dehors d'indifférence et des airs de sainte nitouche, elle s'intéresse au jeu grisant du pouvoir, aux démarches secrètes, aux conciliabules. Elle aime en coulisse tirer les ficelles, pousser ses pions, tisser un réseau d'amitiés et d'obligés. Pour bénéficier d'un avancement ou d'une faveur, il est préférable d'être dans ses petits papiers.

Il n'est pas douteux aussi qu'à partir de 1701 s'accroît son influence sur le roi qui, en vieillissant, éprouve le besoin d'avoir sa présence continuelle à ses côtés. Tandis que les ministres viennent travailler dans le cabinet du roi à Versailles, elle reste là, dans son fauteuil à oreillettes de damas rouge, affairée à son éternelle tapisserie, ne perdant pas un mot des délibérations. On lit, on déchiffre les dépêches des ambassadeurs, les rapports des espions. Louis, de temps en temps, la questionne par le rituel : « Qu'en pense Votre Solidité ? » Il apprécie son bon sens, son intelligence, sa lucidité. Il aime qu'elle l'encourage.

Mais, chatouilleux sur ses prérogatives, il demeure un époux incommode, bien décidé à rester le maître. Dans la vie quotidienne, elle doit supporter sa mauvaise humeur, ses impatiences, ses froideurs, ses longs silences. Cela dit, de leurs conciliabules, de ce qu'elle a pu lui arracher en tête à tête, on ne saura jamais tout. Autour de cette créature, habillée d'ombre et de lumière, règnera toujours un mystère, qui participe de sa légende. C'est la sphinge de Versailles.

...La reine secrète de Versailles ne pèse guère dans les grandes décisions politiques...

Françoise d'Aubigné, marquise de Maintenon, représentée vers 1688 devant une vue de la Maison Royale d'éducation de Saint-Cyr, qu'elle a créée.

. . . Le règne

est long, sa fin est difficile.

Ainsi Louis XIV, qui souffre

de mille maux, voit-il mourir

successivement

trois héritiers du trône.

A l'heure du bilan,

il lui reste une consolation,

immense : Versailles,

son œuvre, sa gloire . . .

7 LUMIÈRES ET OMBRES DU COUCHANT

Versailles aux tisons

Dans la nuit des rois du 5 au 6 janvier 1709, une immense vague de froid s'abat sur tout le pays et persiste pendant dix-huit jours. La terre, les fleuves, les rivières sont gelés. Les gens et le gibier meurent. Une deuxième et une troisième vague reviennent en février-mars. C'est le « grand hyver », qui fait 630 000 victimes.

A la campagne tout gèle, l'eau, le vin, le cidre, l'eau-de-vie. C'est une terrible épreuve que connaît le royaume. A certains endroits, la température descend à moins 25 degrés et, à Marseille, la mer est prise. Le parc de Versailles est une étrange féerie de glaces. Même à l'intérieur du château, pourtant mieux protégé que la chaumière des humbles, il fait un froid difficilement supportable. Les bûches que l'on jette dans les cheminées ne chauffent pas. Les courtisans grelottent sous la couette. Saint-Simon raconte que les eaux médicinales et les liqueurs cassent dans leur bouteille, même à proximité des cheminées. Des glaçons se forment tout de suite dans les verres.

Le roi, qui vient d'avoir soixante-dix ans, demeure robuste et vaillant. Il ne craint ni le chaud ni le froid. Le 7 janvier, il va à Marly en petit équipage, mais il voit ses officiers et ses gardes tellement incommodés que, le lendemain, par pitié, il renonce à se rendre à Trianon. Du 8 au 17 janvier, il vit cloîtré chez la frileuse Mme de Maintenon, qui se calfeutre entourée de chaufferettes dans son fauteuil, ou chez sa petite-fille, la duchesse de Bourgogne. Mais il se morfond, car il lui faut toujours du mouvement et du grand air.

…L'hiver de 1709 est le plus rigoureux du règne…

Son petit-fils, le duc de Berry, aussi. Le 10, ce dernier, bravant les intempéries, part chasser. Un des pages qui portent ses fusils a « la main si gelée qu'on croit que l'on sera obligé de lui couper les doigts ». Le 11 au matin, Monseigneur, qui ne veut pas être en reste, part pour Meudon. Mais il revient à Versailles

Versailles sous la neige, aujourd'hui.

le soir même, car le froid y est encore plus rigoureux et son entourage ne peut le supporter.

Le 14 janvier, gardant sa bonne humeur, la spirituelle marquise d'Huxelles écrit à l'un de ses correspondants : « Les nouvelles sont courtes, Monsieur. L'encre gèle au bout de la plume... »

La mort de Monseigneur

Le 14 avril 1711, à Meudon, le Grand Dauphin, fils unique du roi, meurt de la petite vérole à quarante-neuf ans. C'est une tragédie pour la famille royale, un bouleversement politique pour les courtisans. Son fils aîné de vingt-huit ans, Louis, duc de Bourgogne, lui succède comme dauphin.

…La disparition de l'héritier du trône bouleverse la Cour…

Le matin du 9 avril 1711, alors qu'il doit aller courre le loup dans les bois de Meudon, Monseigneur ressent une grande faiblesse qui le jette dans sa chaise. Son état fiévreux empire les deux jours suivants. Le roi, inquiet, décide de se rendre à son chevet. Dans l'après-midi du 11, les premières marques de la petite vérole (la variole) empourprent le visage du prince et bientôt le font enfler. Dans la soirée du 14, pendant que Louis XIV et Mme de Maintenon, assis sur un canapé de l'antichambre, attendent des nouvelles, Monseigneur agonise. Le protocole interdisant à un souverain de rester dans la maison d'un mort, le roi, bouleversé, fait aussitôt apprêter son carrosse et part pour Marly.

Avec son sens de l'observation, le duc de Saint-Simon nous a laissé une somptueuse description de cette nuit tragique à Versailles, où la plupart des courtisans sont restés. Dans la cour, les messagers arrivent à bride abattue de Meudon tous les quarts d'heure ; les princesses en déshabillé, prêtes à se mettre au lit, jettent des cris de désespoir ; des domestiques en livrée courent éperdus, projetant sur le parc la lueur vacillante de leurs flambeaux.

Partout c'est le désarroi, la confusion. L'étiquette est bousculée. Le duc de Bourgogne, entouré des dames d'honneur de sa femme, est en sanglots ; la duchesse de Bourgogne, le visage défait, essaie d'entretenir ses rares larmes par « l'art du mouchoir pour rougir et grossir les yeux », tandis que Madame, qui détestait le défunt, se promène hurlante et gesticulante dans le salon en robe d'apparat…

Portrait du Grand Dauphin.

Louis est profondément affecté. Rencontrant son musicien préféré, Michel Richard de Lalande, qui déplore la mort de ses deux filles, emportées elles aussi par l'épidémie, il a ce mot empli de sagesse et de résignation chrétiennes : « vous avez perdu deux filles qui avaient bien du mérite : moi, j'ai perdu Monseigneur... Lalande, il faut se soumettre. » Ce jour-là, assurément, Louis le Grand vient d'atteindre la vraie grandeur, celle de l'âme.

Série noire à Versailles

Les dernières années du Roi-Soleil sont marquées par des deuils à répétition qui assombrissent l'atmosphère de la Cour.

…La mort rôde et la rumeur court…

A Versailles, au soir du 5 février 1712, la jeune dauphine est saisie d'une forte fièvre qui persiste les jours suivants, accompagnée de violentes douleurs aux tempes. On prescrit des gouttes d'opium et d'abondantes saignées. Bientôt des plaques suspectes apparaissent sur le corps, mais disparaissent le lendemain. Est-ce la rougeole, comme le diagnostiquent certains médecins ? Son état s'aggrave les jours suivants. Elle délire. Le 11, la malheureuse reçoit l'extrême onction. Elle meurt le lendemain, à huit heures du matin. Elle n'avait que vingt-six ans. La perte de cette gracieuse jeune femme qui illuminait son existence routinière bouleverse le vieux roi.

Son époux, fort amoureux, est lui aussi écrasé de douleur. Le 13 février au matin, il rejoint son grand-père à Marly. Il a le teint blême et le pouls faible. Le 15, il

Cérémonie funèbre des héritiers du trône. Louis XIV est bouleversé par l'hécatombe dont est victime la famille royale.

assiste au Conseil mais doit bientôt s'aliter. Son corps se couvre de taches violettes et de boutons rouges, les mêmes que ceux de la dauphine. Avec piété et courage, il se prépare à la mort, reçoit les derniers sacrements et expire le 18 à huit heures et demie du matin, à l'âge de vingt-neuf ans. La rumeur d'un double empoisonnement commence à courir. La vérité est sans doute plus banale : ces décès doivent être attribués à l'épidémie de scarlatine infectieuse qui court à ce moment-là en Ile-de-France et a déjà emporté plusieurs centaines de personnes.

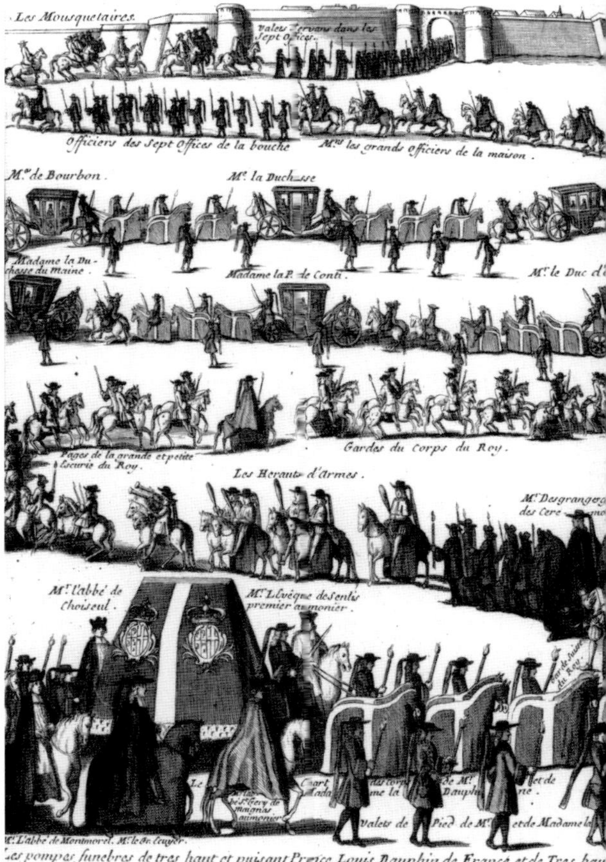

Cortège funèbre pour le duc et la duchesse de Bourgogne, en février 1712.

Et le mal continue ses ravages. Le 27, le petit duc de Bretagne, fils de Bourgogne, âgé de cinq ans et demi, expire à son tour, tué autant par la maladie que par l'acharnement des médecins qui le saignent et lui administrent des rasades d'émétique, un vomitif très en vogue à l'époque. La rumeur reprend. A qui donc profitent ces « crimes » sinon au duc d'Orléans, le fils de Monsieur, ce libertin ambitieux, ce débauché, qui se livre en secret à des expériences de chimie. Mme de Maintenon en est convaincue. Louis, plus sage, se refuse à le croire.

Une femme cependant va sauver la descendance royale, Mme de Ventadour, gouvernante des Enfants de France, qui a l'heureuse idée d'arracher des mains des médecins ignorants le survivant de deux ans, le duc d'Anjou, futur Louis XV.

Louis vieillit

L'âge venant, Louis XIV vit de moins en moins en représentation. Il s'enferme avec Mme de Maintenon dans ses appartements ou passe de longs moments dans le sien. Bref, il s'installe dans une vie bourgeoise et routinière, tandis que Versailles s'ennuie et sue l'ennui.

…Une atmosphère de fin de règne s'empare de Versailles…

D'un tempérament secret, le roi a su constamment se ménager un espace d'intimité, malgré le poids écrasant de sa charge et sa passion pour son « métier de roi ». Au château, entre la cour de Marbre et la cour du roi, il se retire dans son appartement intérieur où s'entassent ses collections personnelles d'objets d'art, dessins, estampes, présents, médailles, tableaux de maître.

L'âge venant, la vie privée tend à prendre davantage de place. Dans les jardins, il ne se déplace plus qu'en chaise roulante, à

Promenade dans les jardins de Versailles, en 1713. Diminué, Louis XIV se déplace en chaise roulante.

cause de la goutte. Il change physiquement. Voyez le masque de cire d'Antoine Benoist de 1710, criant de vérité : le nez s'est allongé, la bouche est devenue amère et triste.

Le masque de cire réalisé en 1710 par Antoine Benoist.

Toute la vie du château se trouve affectée par sa vieillesse et sa santé déclinante. « On ne tient plus de cour du tout », note Mme de Maintenon. Depuis la disparition de la duchesse de Bourgogne, il n'y a plus ni fêtes, ni cérémonies, ni spectacles. Même les réunions d'*Appartement*, qui faisaient autrefois les délices des courtisans, ont plus ou moins disparu.

La jeunesse, qui supporte mal cette atmosphère étouffante, cherche tous les prétextes pour courir s'amuser en bandes joyeuses à Paris, au Cours-la-Reine ou dans les hôtels du Marais, des faubourgs Saint-Germain ou Saint-Honoré. On se rend à Sceaux chez la duchesse du Maine, à Champs chez la princesse de Conti, à Petit-Bourg chez le duc d'Antin, et Philippe d'Orléans débite des gaillardises avec ses « roués » derrière les portes closes du Palais-Royal. Ne parvenant à « désennuyer » le roi, Mme de Maintenon préfère parfois prendre du recul et trouver son propre équilibre dans sa maison d'éducation de Saint-Cyr, qu'elle dirige en maîtresse femme. Chacun sent que le grand roi va sur sa fin. Il est d'ailleurs un signe qui ne trompe pas : il a perdu son appétit légendaire !

Le roi prépare sa succession

La série noire continue avec la mort, le 4 mai 1714, du troisième petit-fils du roi, le duc de Berry, âgé de vingt-huit ans, frère cadet de Philippe V, qui s'est blessé au cours d'une partie de chasse en heurtant avec violence le pommeau de sa selle. Se pose alors la question de la succession.

...L'accumulation des décès semble menacer la ligne directe des Bourbons...

Comme la femme du jeune prince accouche quelques jours plus tard d'une fille qui ne vit pas et que Philippe V a renoncé au trône de France, le roi se trouve n'avoir plus qu'un seul descendant légitime susceptible de lui succéder, le petit duc d'Anjou, âgé de quatre ans et demi, de santé fragile. La régence pendant la minorité de l'enfant revient au fils de

Louis XIV, entouré de ses héritiers, en présence de Madame de Ventadour.

Monsieur. Et si l'enfant disparaît à son tour, c'est Philippe – le « fanfaron de crimes » ! – qui devient roi Louis XIV, influencé par Mme de Maintenon, reste méfiant à l'égard de ce neveu que la rumeur qualifie avec insistance d'empoisonneur.

C'est la raison pour laquelle il confirme le 21 mai 1714 le rang des deux bâtards qu'il a eus de Mme de Montespan, le duc du Maine et le comte de Toulouse, immédiatement après les princes du sang. En juillet, il stipule par un autre édit qu'en cas d'extinction des princes légitimes, les princes légitimés seront appelés à monter sur le trône.

Cette disposition hardie est une violation manifeste du droit dynastique et des lois fondamentales du royaume. Bien des courtisans sont indignés, mais nul n'ose protester, pas même le Parlement.

Louis XIV, sur son lit de mort, donne ses derniers avis au futur Louis XV.

Enfin, le 2 août 1714, sur les instances pressantes du duc du Maine et de Mme de Maintenon, il signe un testament secret, ultérieurement complété par des codicilles, dans lequel il limite les pouvoirs de son neveu par un conseil de régence et confie au duc du Maine la garde et la tutelle du duc d'Anjou ainsi que l'autorité sur la maison militaire du roi.

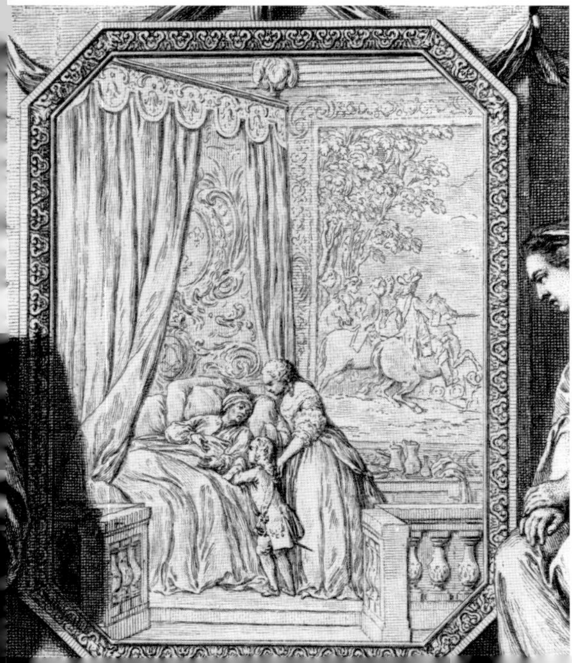

« On l'a voulu, on m'a tourmenté, soupire le vieillard, on ne m'a point laissé en repos, quoi que j'aie pu dire. Oh bien ! J'ai donc acheté mon repos... » Qu'il est loin le temps où le plus glorieux souverain de la terre imposait ses volontés à tous ! Heureusement, cette grave faute politique, qui fragilisait le pouvoir, sera balayée par le Régent et le Parlement à la mort du roi.

Le curieux ambassadeur de Perse

La visite à Versailles, le 19 février 1715, de Mehemet Reza Beg, ambassadeur du shah de Perse Hussein Mirza, est l'occasion d'un grand déploiement de fastes et... de beaucoup de tracas.

Désireux d'obtenir l'alliance du roi de France, le shah envoie Reza Beg afin de négocier un traité de commerce favorable aux intérêts français. C'est un petit homme laid, brutal, querelleur, bouffi d'orgueil. Il veut bien rencontrer le roi Très-Chrétien, mais se refuse à frayer avec les chrétiens (sauf une jeune femme de dix-sept ans, prostituée par sa mère, dont il fait sa maîtresse !). Il est venu avec ses propres ustensiles et ses cuisiniers de peur de se souiller. Invoquer le Coran et les usages persans le dispense de la moindre civilité.

Ses exigences paraissent extravagantes. Il veut être présenté au roi par le ministre Torcy, qu'il prend pour le grand vizir, et tient à arriver à Versailles dans le carrosse du roi. Superstitieux – il craint la lune de février – il exige de faire reporter la date de l'audience.

Mehemet Reza Beg, ambassadeur extraordinaire du shah de Perse, salue le roi, le 19 février 1715.

…La réception de l'ambassadeur du shah de Perse est la dernière grande cérémonie du règne…

Louis XIV décide alors d'éblouir ce malotru : il le recevra non pas dans la salle du trône du Grand Appartement, mais dans la galerie des Glaces, comme autrefois le doge de Gênes et les ambassadeurs du Siam. Deux mille hommes des gardes françaises et suisses, équipés de neuf, l'accueillent dans la cour. Enfin, l'homme apparaît vêtu de brocart d'or à l'autre bout de la galerie. Le protocole, soigneusement mis au point par le roi, l'oblige à faire tous les quelques pas de multiples salutations. Debout devant le trône installé sur une estrade de huit marches, Louis, plus majestueux que jamais, porte tous les diamants de la couronne. Tous les princes et princesses sont là dans leurs plus beaux atours. La foule se presse.

Mais les présents offerts par le riche souverain de Perse – perles et turquoises – paraissent si misérables que les courtisans sont vite persuadés que ce curieux émissaire est un imposteur et que les ministres n'ont organisé cette fastueuse cérémonie que pour assouvir la lubie d'un roi vieillissant

Les médecins de Molière

Le 9 août 1715, de retour d'une chasse au cerf à Marly, le roi paraît très abattu. Dans la soirée du lendemain, il éprouve des difficultés à marcher. Le 11, il va se promener pour la dernière fois à Trianon. Son état empire. Il ne quitte plus Versailles.

Il se plaint d'une douleur à la jambe gauche. Fagon, son premier médecin, attribue le mal à une simple sciatique. Pourtant, le roi a fort maigri. Ses chairs ont fondu. Le 13, il doit se faire porter en chaise jusqu'à la chapelle pour assister à l'office. Lors de l'audience de congé de l'envoyé du shah de Perse, Louis a du mal à rester debout et sans appui. Les jours suivants, l'imperturbable Fagon ne s'émeut toujours pas quand il s'aperçoit que le roi faiblit, ne mange plus guère et cesse de sortir de son appartement, se faisant porter de sa chambre à son antichambre. Il ne se trouble pas davantage quand le chirurgien Mareschal remarque une petite noirceur au pied. On se contente de lui bander la jambe que l'on étend sur un petit tabouret, de façon à lui permettre de travailler.

Les sommités médicales que Fagon fait venir de Paris s'empressent de confirmer le diagnostic de leur éminent collègue et, le soir, l'on administre au roi un peu de quinquina et de lait d'ânesse. Non, Molière n'est pas mort ! La Faculté, certes, commence à s'inquiéter – c'est son rôle –, mais elle ne s'alarme pas vraiment, même après l'évanouissement de son royal patient au cours du bain d'herbes qu'il prend au matin du 22. Le même jour, celui-ci est incapable de paraître au balcon pour la revue de la gendarmerie et délègue ses pouvoirs au duc du Maine.

Cependant la gangrène – car il s'agit bien d'elle – poursuit ses ravages inexorablement. Le 24 août, la jambe est noire jusqu'au pied. Cette fois, Fagon est bien obligé d'en convenir : les jours du roi sont comptés.

...En août 1715, la santé du roi s'aggrave dangereusement. Les médecins tardent à s'en apercevoir ...

A Versailles plane une atmosphère de fin de règne. Les coteries s'agitent. Le gouvernement, composé des principaux ministres et des secrétaires d'Etat, se borne à gérer les affaires courantes. Mais il est depuis quelque temps un lieu où les courtisans se pressent : c'est l'appartement du duc d'Orléans, le futur régent ! Leur diagnostic a devancé celui des docteurs Diafoirus !

Guy Crescent Fagon (1638-1718), Premier médecin de Louis XIV.

Le grand coucher du Soleil

Le dimanche 25 août, jour de la Saint-Louis, on n'a plus d'illusion. « J'ai vécu parmi les gens de la Cour, dit le roi, je veux mourir parmi eux. Ils ont suivi tout le cours de ma vie ; il est juste qu'ils me voient finir. »

Le soir, on va quérir en procession le saint sacrement. Après la communion, le monarque échange quelques mots avec ses proches, notamment avec son neveu Philippe d'Orléans. L'entretien paraît chaleureux : peut-être est-il revenu de ses préventions antérieures ? Peut-être regrette-t-il ses dispositions testamentaires ?

La chambre du trépas de Louis XIV, décédé le 1er septembre 1715.

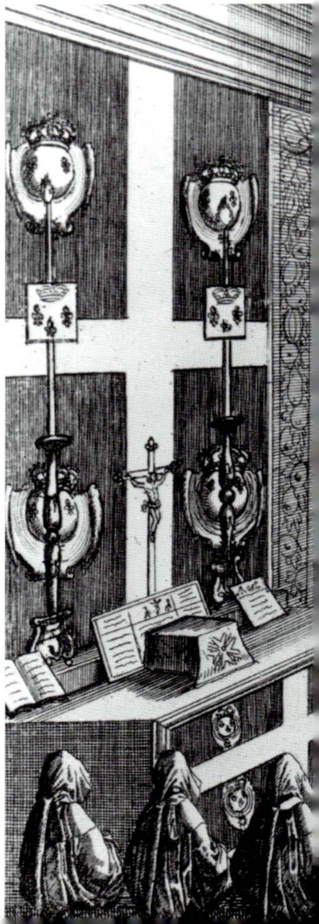

Le lendemain 26, on constate que la gangrène a gagné l'os. « Mon cher enfant, déclare le roi au petit dauphin, vous allez être le plus grand roi du monde, n'oubliez jamais les obligations que vous avez à Dieu. Ne m'imitez pas dans les guerres ; tâchez de maintenir toujours la paix avec vos voisins, de soulager votre peuple autant que vous le pourrez, ce que j'ai eu le malheur de ne pouvoir faire par les nécessités de l'Etat. Suivez toujours les bons conseils et songez bien que c'est à Dieu à qui vous devez ce que vous êtes… »

A tous, il renouvelle ses recommandations de vivre en bonne harmonie. Le lendemain, l'état de sa jambe s'aggrave. Louis fait brûler de nombreux papiers en présence de Mme de Maintenon et du Chancelier. Le 28, on essaie les remèdes d'un empirique Marseillais nommé Le Brun ou Brun, une « espèce de manant provincial fort grossier » selon Saint-Simon. Un moment, le roi se trouve mieux. Le soir et le lendemain, on essaie encore mais le remède est maintenant inopérant…

Le 30, Mme de Maintenon quitte Versailles pour Saint-Cyr. Le 31, à demi conscient, le roi récite la prière des agonisants en compagnie des prêtres et des moines. On l'entend murmurer :

...Le grand roi agonise, Versailles retient son souffle...

« Ô mon Dieu, venez à mon aide ; hâtez-vous de me secourir. » Telles sont ses dernières paroles. Il expire le lendemain, 1er septembre, à huit heures et quart du matin, « comme une chandelle qui s'éteint ». Il avait soixante-dix-sept ans. Les parieurs anglais, qui ont misé sur sa mort avant la fin d'août, ont perdu leur pari...

Versailles éternel

L'éclipse du Roi-Soleil marque pour un temps celle de Versailles. En septembre 1715, Louis XV, âgé de cinq ans, quitte le palais pour Vincennes, puis pour Paris. La Cour n'y reviendra qu'à la fin de la Régence, en juin 1722.

…La volonté et les goûts du Roi-Soleil ont façonné Versailles à jamais…

Sous le règne de Louis XV et de Louis XVI, la vie brillante de Versailles reprend, avec ses bals, ses fêtes, ses divertissements, ses parades militaires et ses réceptions d'ambassadeurs. Château et jardins connaissent d'importantes transformations, mais l'essentiel de l'œuvre de Le Vau et de Mansart demeure. Cependant, tout en maintenant le rituel et les solennités de l'étiquette, les levers et les couchers – aux horaires parfois décalés –, la messe quotidienne et le travail dans la salle du Conseil, les deux derniers Bourbons de l'Ancien Régime ont tendance à privilégier l'espace privé plutôt que public, les petits appartements plutôt que les grands, comme l'avait d'ailleurs fait Louis XIV à la fin de son règne.

Cette préférence est catastrophique pour le Versailles royal, conçu pour le décorum et la pompe, mais également pour la monarchie, qui donne l'impression de ne plus remplir son rôle. On connaît la suite. La vie de cour s'étiole dans les dernières

Le château de Versailles, aujourd'hui. Il accueille environ trois millions de visiteurs par an.

années du XVIIIe siècle. La haute société préfère se réfugier dans ses hôtels parisiens et ne vient à Versailles que pour les grandes occasions. L'espace ainsi déserté, le peuple s'en empare, non seulement au sens figuré mais au sens propre, puisque le palais est brusquement envahi les 5 et 6 octobre 1789 par la foule hurlante et agressive des femmes venues de Paris.

Heureusement, le « domaine enchanté » échappe à la tourmente révolutionnaire. Il reste aujourd'hui la principale gloire de son créateur, qui a légué ce joyau à la France. Son œuvre a servi de modèle à toute l'Europe. De Lisbonne à Saint-Pétersbourg, de Madrid à Stockholm, de Naples à Copenhague, de Schönbrunn à Hampton-Court, en passant par Parme, Potsdam, Trèves, Cassel, Stuttgart, Wurtzburg, Ansbach, Herrenchiemsee (la « folie » de Louis II de Bavière), tous les souverains d'Europe, éblouis par le Roi-Soleil, ont voulu imiter l'art bourbonien et avoir leur Versailles... Si l'on en croit certains, sur son lit de mort, le vieux roi se serait repenti d'avoir eu trop de goût « pour les bâtiments ». Mais qui donc pourrait sérieusement le lui reprocher ?

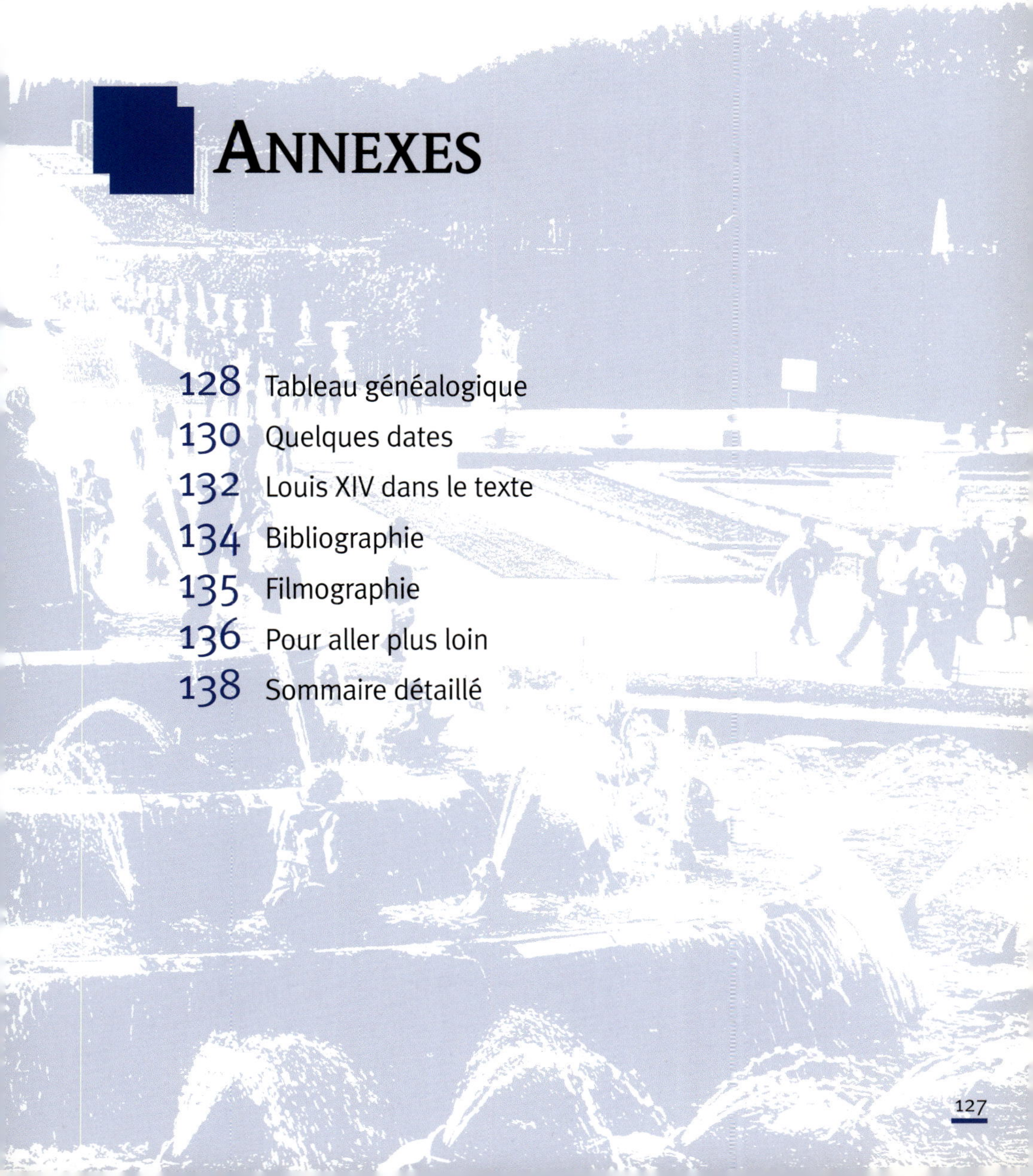

ANNEXES

Tableau généalogique

- **Louis XIII (1601-1643)** épouse Anne d'Autriche (1601-1666)
  - **Louis XIV (1638-1715)** épouse Marie-Thérèse d'Autriche (1638-1683)
    - **Louis Grand Dauphin (1661-1711)** épouse Marie Anne Christine de Bavière
      - **Louis duc de Bourgogne (1682-1712)** épouse Marie-Adélaïde de Savoie
        - **Louis duc de Bretagne (1707-1712)**
        - **Louis XV (1710-1774)** épouse Marie Leszczynska
      - **Philippe duc d'Anjou puis roi d'Espagne (1683-1746)** épouse
        - 1 Marie-Louise de Savoie
        - 2 Elisabeth Farnèse
      - **Charles duc de Berry (1686-1714)** épouse Elisabeth d'Orléans

Philippe d'Orléans
(1640-1701)
épouse

1661
Henriette d'Angleterre
(1644-1670)

Marie-Louise
(1662-1689)
épouse
Charles II
d'Espagne
(1661-1700)

Anne-Marie
(1669-1728)
épouse
Victor-Amédée II
de Savoie

Marie-Adélaïde
de Savoie
(1685-1712)
épouse
Louis
duc de Bourgogne

Marie-Louise
de Savoie
(1688-1714)
épouse
Philippe V
d'Espagne

1671
Elisabeth Charlotte
de Bavière
(1652-1722)

Philippe II
duc d'Orléans
(1674-1723)
Régent

Elisabeth-
Charlotte
(1676-1744)
épouse
Léopold
duc de
Lorraine
et de Bar

Quelques dates

Eté 1623 :
construction à Versailles d'un relais de chasse par Louis XIII

1631-1634 :
construction à Versailles du second château de Louis XIII

5 septembre 1638 :
naissance du dauphin Louis, futur Louis XIV

14 mai 1643 :
mort de Louis XIII à Saint-Germain

9 août 1660 :
mariage de Louis XIV avec l'infante Marie-Thérèse

17 août 1661 :
fête offerte au roi à Vaux-le-Vicomte par Nicolas Fouquet

15-22 septembre 1663 :
premier séjour de la Cour à Versailles

2 janvier 1664 :
Jean-Baptiste Colbert est nommé Surintendant des Bâtiments du roi

7-14 mai 1664 :
fête des « plaisirs de l'Ile Enchantée » à Versailles

18 juillet 1668 :
Grand Divertissement royal à Versailles

juin 1669 :
adoption du plan de Le Vau agrandissant Versailles

22 mai 1671 :
édit de Dunkerque (charte de fondation de la ville neuve de Versailles)

1674 :
achèvement de la construction de l'« enveloppe » de Versailles et du Grand Appartement

4 juillet-31 août 1674 :
six journées du « Grand Divertissement » de Versailles

1677 :
Louis XIV fait connaître sa décision de fixer sa résidence à Versailles

13 août-17 septembre 1678 :
traités de Nimègue (fin de la guerre avec les Provinces-Unies et l'Espagne)

26 septembre 1678 :
adoption d'un nouveau programme iconographique pour la Grande Galerie

22 mai 1679 :
début des travaux de construction du château de Marly

6 mai 1682 :
installation définitive du roi et de la Cour à Versailles

6 août 1682 :
naissance du duc de Bourgogne, fils du Grand Dauphin

30 juillet 1683 :
mort de la reine Marie-Thérèse

6 septembre 1683 :
mort de Colbert

9-10 octobre 1683 (?) :
mariage secret de Louis XIV et de Mme de Maintenon

17-22 mai 1684 :
bombardement de Gênes

mai 1685 :
début de la construction de Saint-Cyr

15 mai 1685 :
excuses du doge de Gênes à Versailles

18 octobre 1685 :
édit de Fontainebleau révoquant l'édit de Nantes

1er septembre 1686 :
réception à Versailles des ambassadeurs du Siam

18 novembre 1686 :
le roi est opéré de la fistule

23 janvier 1688 :
le roi dîne pour la première fois à Trianon

22 janvier 1689 :
Louis XIV accueille Jacques II d'Angleterre à Marly

12 mai 1689 :
Grande alliance de Vienne

17 mai 1689 :
déclaration de guerre de l'Angleterre à la France

20 mai 1690 :
mort de la dauphine Marie Anne de Bavière

16 juillet 1690 :
mort de Louvois

5 avril 1693 :
création de l'ordre royal et militaire de Saint-Louis

9 mai 1693 :
distribution à Versailles des premières croix de Saint-Louis

septembre-octobre 1697 :
paix de Ryswick (fin de la guerre dite de la Ligue d'Augsbourg)

7 décembre 1697 :
mariage de Louis, duc de Bourgogne, et de Marie-Adélaïde de Savoie

1er novembre 1700 :
mort de Charles II d'Espagne

16 novembre 1700 :
acceptation du testament de Charles II. Présentation à la Cour de Philippe V

9 juin 1701 :
mort de Monsieur, Philippe d'Orléans, frère du roi

8 juillet 1701 :
début de l'aménagement de la nouvelle chambre du roi à Versailles

7 septembre 1701 :
Grande alliance de La Haye. Début de la guerre de succession d'Espagne

janvier-mars 1709 :
terrible vague de froid sur la France

15 février 1710 :
naissance de Louis, duc d'Anjou futur Louis XV, fils du duc de Bourgogne et de Marie-Adélaïde

5 juin 1710 :
consécration de la chapelle royale de Versailles

14 avril 1711 :
mort à Meudon du Grand Dauphin, fils de Louis XIV

12 février 1712 :
mort de la duchesse de Bourgogne

18 février 1712 :
mort du duc de Bourgogne

8 mars 1712 :
mort du duc de Bretagne, fils aîné du duc de Bourgogne et de Marie-Adélaïde

13 avril 1713 :
signature du traité d'Utrecht entre la France, la Grande-Bretagne, les Provinces-Unies, le duc de Savoie et le roi de Prusse

6 mars 1714 :
Traité de Rastadt entre la France et l'empire

4 mai 1714 :
mort de Charles, duc de Berry, petit-fils de Louis XIV

19 février 1715 :
ambassade de Mehemet Reza Beg, représentant de Perse

10 août 1715 :
maladie du roi

1er septembre 1715 :
mort de Louis XIV

Louis XIV dans le texte

1679 : réflexion sur le métier de roi

Ecrites par Louis XIV en 1679, au moment de la disgrâce de son ministre des Affaires étrangères – accusé de mollesse et que le roi se reproche de ne pas avoir renvoyé à temps –, ces pages se présentent comme une réflexion sur la nécessaire fermeté des rois.

Les rois sont souvent obligés à faire des choses contre leur inclination et qui blessent leur bon naturel. Ils doivent aimer à faire plaisir, et il faut qu'ils châtient souvent et perdent des gens à qui naturellement ils veulent du bien. L'intérêt de l'Etat doit marcher le premier. On doit forcer son inclination et ne se pas mettre en état de se reprocher, dans quelque chose d'important, qu'on pouvait faire mieux, mais que quelques intérêts particuliers en ont empêché et ont détourné les vues qu'on devait avoir pour la grandeur, le bien et la puissance de l'Etat.

Souvent il y a des endroits qui font peine ; il y en a de délicats qu'il est difficile à démêler ; on a des idées confuses. Tant que cela est, on peut demeurer sans se déterminer ; mais dès que l'on s'est fixé l'esprit à quelque chose et qu'on croit voir le meilleur parti, il le faut prendre : c'est ce qui m'a fait réussir souvent dans ce que j'ai fait. Les fautes que j'ai faites et qui m'ont donné des peines infinies ont été par complaisance, et pour me laisser aller trop nonchalamment aux avis des autres.

Rien n'est si dangereux que la faiblesse, de quelque nature qu'elle soit. Pour commander aux autres, il faut s'élever au-dessus d'eux ; et après avoir entendu ce qui vient de tous les endroits, on se doit déterminer par le jugement qu'on doit faire sans préoccupation et pensant toujours à ne rien ordonner ni exécuter qui soit indigne de soi, du caractère qu'on porte ni de la grandeur de l'Etat.

(...) Il faut se garder contre soi-même, prendre garde à son inclination et être toujours en garde contre son naturel. Le métier de roi est grand, noble et délicieux, quand on se sent digne de bien s'acquitter de toutes les choses auxquelles il engage ; mais il n'est pas exempt de peines, de fatigues, d'inquiétudes. L'incertitude désespère quelquefois ; et quand on a passé un temps raisonnable à examiner une affaire, il faut se déterminer et prendre le parti qu'on croit le meilleur.

Quand on a l'Etat en vue, on travaille pour soi. Le bien de l'un fait la gloire de l'autre. Quand le premier est heureux, élevé et puissant, celui qui en est cause en est glorieux, et par conséquent doit plus goûter que ses sujets, par rapport à lui et à eux, tout ce qu'il y a de plus agréable dans la vie.

Quand on s'est mépris, il faut réparer les fautes le plus tôt qu'il est possible, et que nulle considération en empêche pas même la bonté... »

1697 : l'art de montrer les jardins de Versailles

Contrairement aux autres descriptions de Versailles de l'époque, le texte de l'œuvre royale, plusieurs fois remanié, est d'une glaciale sobriété, sans aucune envolée littéraire ni renvoi aux thèmes décoratifs du jardin, inspirés du mythe solaire. Dans ce guide-itinéraire, le roi laisse le promeneur à ses propres émotions. En voici quelques extraits :

1 – En sortant du château par le vestibule de la cour de Marbre, on ira sur la terrasse ; il faut s'arrêter sur le haut des degrés pour considérer la situation des parterres des pièces d'eau et les fontaines des Cabinets.

2 – Il faut ensuite aller droit sur le haut de Latone et faire une pause pour considérer Latone, les lézards, les rampes, les statues, l'allée royale, l'Apollon, le canal, et puis se tourner pour voir le parterre et le château.

3 – Il faut après tourner à gauche pour aller passer entre les sphinx ; en marchant il faut faire une pause devant le Cabinet pour considérer la gerbe et la nappe ; en arrivant aux sphinx on fera une pause pour voir le parterre du midi, et après on ira droit sur le haut de l'Orangerie d'où l'on verra le parterre des orangers et le lac des Suisses.

(...) 5 – On descendra par la rampe droite de l'Orangerie et l'on passera dans le jardin des orangers, on ira droit à la fontaine d'où l'on considérera l'Orangerie, on passera dans les allées des grands orangers, puis dans l'Orangerie couverte du côté du Labyrinthe.

6 – On entrera dans le Labyrinthe, et après avoir descendu jusqu'aux canes et au chien, on remontera pour en sortir du côté de Bacchus.

7 – On ira voir la salle du Bal, on en fera le tour, on ira dans le centre et l'on en sortira par le bas de la rampe de Latone.

8 – On ira droit au point de vue du bas de Latone et, en passant, on regardera la petite fontaine du satire qui est dans un des bosquets ; quand on sera au point de vue, on y fera une pause pour considérer les rampes, les vases, les statues, les Lézards, Latone et le château ; de l'autre côté, l'allée royale, l'Apollon, le canal, les gerbes des bosquets, Flore, Saturne, à droite Cérès, à gauche Bacchus (...) »

1700 : Instruction au duc d'Anjou

Au moment où son petit-fils de dix-sept ans, Philippe, duc d'Anjou, s'en va prendre possession du royaume d'Espagne, Louis XIV lui remet une instruction sur l'art de gouverner en trente-trois articles, dont voici les principaux :

« 1. Ne manquez à aucun de vos devoirs, surtout envers Dieu.

2. Conservez-vous dans la pureté de votre éducation.

3. Faites honorer Dieu partout où vous aurez du pouvoir ; procurez sa gloire ; donnez-en l'exemple : c'est un des plus grands biens que les rois puissent faire.

4. Déclarez-vous en toute occasion pour la vertu et contre le vice.

5. N'ayez jamais d'attachement pour personne.

6. Aimez votre femme, vivez bien avec elle, demandez-en une à Dieu qui vous convienne. Je ne crois pas que vous deviez prendre une Autrichienne.

7. Aimez les Espagnols et tous vos sujets attachés à vos couronnes et à votre personne ; ne préférez pas ceux qui vous flatteront le plus ; estimez ceux qui, pour le bien, hasarderont de vous déplaire : ce sont là vos véritables amis.

8. Faites le bonheur de vos sujets ; et, dans cette vue, n'ayez de guerre que lorsque vous y serez forcé et que vous en aurez bien considéré et bien pesé les raisons dans votre Conseil.

(...) 10. Si vous êtes contraint de faire la guerre, mettez-vous à la tête de vos armées.

(...) 12. Ne quittez jamais vos affaires pour votre plaisir ; mais faites-vous une sorte de règle qui vous donne du temps de liberté et de divertissement.

(...) 14. Donnez une grande attention aux affaires ; quand on vous en parle écoutez beaucoup dans le commencement sans rien décider.

15. Quand vous aurez plus de connaissance, souvenez-vous que c'est à vous de vous décider ; mais quelque expérience que vous ayez, écoutez toujours tous les avis et tous les raisonnements de votre Conseil, avant que de faire cette décision.

(...) 17. Traitez bien tout le monde ; ne dites jamais rien de fâcheux à personne ; mais distinguez les gens de qualité et de mérite.

(...) 30. Ne paraissez pas choqué des figures extraordinaires que vous trouverez ; ne vous en moquez point : chaque pays a ses manières particulières, et vous serez bientôt accoutumé à ce qui vous paraîtra d'abord le plus surprenant.

(...) 31. Evitez, autant que vous pourrez, de faire des grâces à ceux qui donnent de l'argent pour les obtenir ; donnez à propos et libéralement et ne recevez guère de présents à moins que ce ne soit des bagatelles ; si quelquefois vous ne pouvez éviter d'en recevoir, faites-en à ceux qui vous en auront donné de plus considérables, après avoir laissé passer quelques jours.

32. Ayez une cassette pour mettre ce que vous aurez de particulier, dont vous aurez seul la clé.

33. Je finis par un des plus importants avis que je puisse vous donner : ne vous laissez pas gouverner ; soyez le maître ; n'ayez jamais de favoris ni de premier ministre ; écoutez, consultez votre Conseil, mais décidez : Dieu, qui vous a fait roi, vous donnera les lumières qui vous sont nécessaires tant que vous aurez de bonnes intentions. »

Bibliographie

La bibliographie des ouvrages consacrés à Louis XIV, à sa Cour et à Versailles est extrêmement abondante. On ne trouvera ici que quelques orientations bibliographiques parmi les ouvrages les plus récents et les plus faciles d'accès.

Ouvrages généraux :

François BLUCHE,
Louis XIV,
Paris, Fayard, 1986.

Jean-François SOLNON,
La Cour de France, Paris,
Fayard, 1987.

François BLUCHE
(sous la direction de),
Dictionnaire du Grand Siècle,
Paris, Fayard, 1990.

Jean-Christian PETITFILS,
Louis XIV,
Paris, Perrin, 1995.

Philippe BEAUSSANT,
Louis XIV artiste,
Paris, Payot, 1999.

Jean-Christian PETITFILS,
Louis XIV
T. I, L'ordre et la gloire,
T. II, La grandeur et les épreuves,
Paris, Tallandier-Historia, 2001.

Sur Versailles et la cour de Louis XIV :

Jean AUTIN,
Louis XIV architecte,
Paris, Fernand Lanore, 1981.

Pierre VERLET,
Le château de Versailles,
Paris, Fayard, 1985
(1ère éd. 1961).

Béatrix SAULE,
Versailles triomphant.
Une journée de Louis XIV,
Paris, Flammarion, 1996 (épuisé).
Réédition :
La journée de Louis XIV,
Actes Sud, 2004.

Jean-François SOLNON,
Versailles,
Paris, éd. du Rocher, 1997.

Gérard SABATIER,
Versailles ou la figure du roi,
Paris, Albin Michel, 1999.

Vincent MAROTEAUX,
Versailles,
le roi et son domaine,
Paris, Picard, 2000.

William RITCHEY NEWTON,
L'espace du roi. La cour de France au château de Versailles, 1682-1789,
Paris, Fayard, 2000.

Dominique GARRIGUES,
Jardins et jardiniers de Versailles au Grand Siècle,
préf. de Joël Cornette,
Paris, Champ Vallon, 2001.

Frédéric TIBERGHIEN,
Versailles. Le chantier de Louis XIV, 1662-1715,
Paris, Perrin, 2002.

Thierry SARMANT,
Les demeures du Soleil. Louis XIV, Louvois et la surintendance des bâtiments du roi,
Paris, Champ Vallon, 2003.

Œuvres de Louis XIV :

Mémoires pour l'instruction du Dauphin,
présentation de Pierre Goubert,
Paris, Imprimerie nationale, 1992.

Manière de montrer les jardins de Versailles,
texte présenté et commenté par Simone Hoog,
Paris, Réunion des musées nationaux, 2001.

1953 (France) :

Si Versailles m'était conté...

Réalisation, scénario, dialogues : Sacha Guitry.
Distribution : Sacha Guitry (Louis XIV), Jean Chevrier (Turenne), Claudette Colbert (Mme de Montespan), Fernand Gravet (Molière), Georges Marchal (Louis XIV jeune), Mary Marquet (Mme de Maintenon), Gisèle Pascal (Mlle de La Vallière), Gérard Philipe (D'Artagnan)...

1955 (France-Italie) :

L'Affaire des poisons

Réalisation : Henri Decoin (1955), scénario : Albert Valentin, dialogue : G. Neveu.
Distribution : Danièle Darrieux (Mme de Montespan), Viviane Romance (la Voisin), Paul Meurisse (Guibourg).

1966 (France) :

La prise de pouvoir par Louis XIV

Réalisation : Roberto Rosselini, scénario : Philippe Erlanger, dialogues : Jean Gruault.
Distribution : Jean-Marie Patte (Louis XIV), Raymond Jourdan (Colbert), Catharina Renn (Anne d'Autriche), Pierre Barrat (Fouquet).

1992 (France) :

Louis enfant roi

Réalisation, scénario : Roger Planchon.
Distribution : Maxime Mansion (Louis XIV), Carmen Maura (Anne d'Autriche), Paolo Graziosi (Mazarin), Jocelyn Quivrin (Philippe, duc d'Anjou), Serge Dupire (prince de Condé).

1995 (France) :

L'Allée du roi, téléfilm

Réalisation, dialogues : Nina Companeez, d'après le roman de Françoise Chandernagor.
Distribution : Dominique Blanc (Mme de Maintenon), Didier Sandre (Louis XIV), Mauricio Buraglia (Constant d'Aubigné), Valentine Varela (Mme de Montespan), Michel Duchaussoy (Scarron).

1997 (France) :

Marquise

Réalisation : Véra Belmont, scénario : Jean-François Josselin, Véra Belmont, Gérard Mordillat et Marcel Beaulieu.
Distribution : Sophie Marceau (Marquise), Bernard Giraudeau (Molière), Lambert Wilson (Racine), Thierry Lhermitte (Louis XIV).

1999 (France) :

Saint-Cyr

Réalisation : Patricia Mazuy, scénario : Patricia Mazuy et Yves Thomas, dialogues : Yves Thomas.
Distribution : Isabelle Huppert (Mme de Maintenon), Jean-Pierre Kalfon (Louis XIV), Jean-François Balmer (Racine).

2000 (France – Grande-Bretagne) :

Vatel

Réalisation : Roland Joffé, scénario : Jeanne Labrune et Tom Stoppard.
Distribution : Gérard Depardieu (François Vatel), Uma Thurman (Anne de Montausier), Tim Roth (Lauzun).

2000 (France) :

Le roi danse

Réalisation : Gérard Corbiau, scénario : Eve de Castro, Andrée et Gérard Corbiau, avec la participation de Didier Decoin.
Distribution : Benoît Magimel (Louis XIV), Boris Terral (Lully), Tcheky Karyo (Molière), Colette Emmanuelle (Anne d'Autriche).

Pour aller plus loin

Internet

www.chateauversailles.fr

Le site du château de Versailles propose une découverte des lieux et de la vie des grands personnages qui y sont liés. Vous y trouverez également toutes les informations pratiques nécessaires pour vous rendre au château et le visiter.

www.chateauversailles-spectacles.fr

Tout au long de l'année, le château de Versailles est le théâtre de nombreux événements et spectacles. Tout ce qu'il faut savoir pour y assister est ici présenté.

www.voltaire-integral.com/Html/00Table/14Loui14.html

Le siècle Louis XIV : le règne, la politique, les arts. Ce site propose également de nombreuses anecdotes.

www.histoire-en-ligne.com/article.php3?id_article=225

Biographie de Louis XIV le Grand, dit le Roi-Soleil.

www.timee-editions.com

Timée-Editions – Des livres ouverts sur Internet

Prolongez le plaisir de lire sur Internet en visitant le site dédié à cet ouvrage. De nombreux services vous y sont proposés : envoyer un message à l'auteur, lire les critiques de la presse, s'informer des séances de dédicaces les plus proches de chez vous, tester vos connaissances, ... Et bien d'autres surprises vous y attendent.

Rendez-vous sur le site www.timee-editions.com
Cliquez sur [Catalogue], puis sur la couverture de l'ouvrage

A très bientôt !
L'équipe Timée-Editions

www.zestory.com

L'actualité culturelle en ligne

Timée sélectionne pour vous, chaque semaine, l'actualité cinéma, livre, DVD, CD, théâtre, expo, sorties et escapades.

Pour recevoir la newsletter Zest, connectez vous sur :
www.zestory.com Rubrique Les Actus

Le groupe Timée, c'est aussi :

Des produits pédagogiques en ligne : www.timee-education.com
Une agence de conseil et de création multimédia: www.timee-multimédia.com

Sommaire détaillé

Chapitre 5 – Les grandes heures 76

Chapitre 6 – En famille 90

Chapitre 7 – Lumières et ombres du couchant 106

Annexes 126

Crédits iconographiques

Château de Versailles

pages 8, 14, 17, 21, 23, 26, 30, 33, 40, 41, 43, 44, 47, 51, 53, 58, 71, 73, 74, 80, 89, 90, 93, 95, 96, 99, 100, 102, 103, 120.

Château de Versailles, J.M. Manaï

pages 12, 18, 19, 20, 22, 25, 29, 31, 32, 34, 35, 36, 38, 39, 42, 48, 52, 57, 61, 62, 64, 67, 68, 69, 76, 78, 83, 86, 105, 106, 114, 115, 117, 118, 123, 124, 125, couverture (Versailles).

Bibliothèque nationale de France

pages 55, 112, 113.

Corbis

pages 16, 85, 88, 109, 4e de couv, couverture (Louis XIV).

Photos 12

pages 60, 110.

Musée d'Histoire de la Médecine

page 84.

Bridgeman Art Library / Wallace Collection, London, UK

page 116.

Remerciements

Timée-Editions remercie Marie-Véronique Clin-Meyer et Madeleine de Terris.

Responsable Editorial

Lorraine AUFFRAY

Assistants d'Edition

Guillaume SCHNEIDER
David XOUAL

Création graphique et maquette

Sylvain KASLIN
Virginie THOMAS

Impression

E3 Expansion
28, rue des Tilleuls – 92100 Boulogne – France

Timée-Editions

66, rue Escudier – 92100 Boulogne – France
www.timee-editions.com

Dans la même collection

Sports et Loisirs

Vert passion
Les 50 plus belles histoires de l'Association Sportive de Saint-Etienne
Christophe Barge et Laurent Tranier

Le Tour de France, 100 ans de passion
Les 100 plus belles histoires du Tour de France
Eric Delanzy

L'Aventure des Bleus
Les 50 plus belles histoires de l'Equipe de France de football
Alain Mercier et Cyril Pocréaux

La passion de l'Olympisme
Les 50 plus belles histoires des Jeux Olympiques
Paul Miquel

Renault, la course en tête
Les 50 plus belles histoires de Renault en sport
Robert Puyal

Terre battante
Les 50 plus belles histoires de Roland Garros
Patrice Dominguez

Zidane, maître du jeu
Les 50 plus belles histoires de Zinédine Zidane
Etienne Labrunie

Stade de France, entrez dans la légende
Les 50 plus belles histoires du Stade de France
Allain Billouin

Sciences et Découvertes

Les plus belles histoires des Trains
Les 50 plus belles histoires de l'épopée du chemin de fer
Collectif

Les Aventuriers de l'Energie
Les 100 plus belles histoires de l'électricité
Nicolas Viot

Des Métaux et des Hommes
Les 50 plus belles histoires de la chaudronnerie
Louise Haroun

Dans les pas des Bâtisseurs
Les 50 plus belles histoires des bâtisseurs
Xavier Bezançon

La Nature dans tous ses états
Les 50 plus belles histoires de l'environnement
Guersendre Nagy

Histoire et Civilisations

La folie Carnaval
Les 50 plus belles histoires du carnaval
Sarah Belabes

Le cœur des femmes
Les plus belles histoires des 50 femmes du XXe siècle
Roselyne Febvre

Sous le sable des arènes
Les 50 plus belles histoires de la corrida
François-Xavier Gauroy

La Liberté venue des Mers
Les 60 plus belles histoires de la Libération de la France
Catherine Trouiller et Sharon Elbaz

Winston Churchill
Les 50 plus belles histoires de Winston Churchill
Denis Lépée

Le français en partage
Les 50 plus belles histoires de la francophonie
Christophe Traisnel
Préface : Abdoulaye Wade

Indiens, les premiers Américains
Les 50 plus belles histoires des Indiens d'Amérique
Fabrice Delsahut

Arts et Culture

Cannes fait son Cinéma
Les 50 plus belles histoires du Festival de Cannes
Nathalie Cuman

Le siècle de Dali
Les 50 plus belles histoires sur Dali
Jean-Christophe Argillet

Jules Verne, le poète de la science
Les 50 plus belles histoires sur Jules Verne
Sous la direction de Jean-Paul Dekiss

Coups de foudre
Les 50 plus belles rencontres amoureuses
François-Xavier Gauroy

L'esprit du Vin
Les 50 plus belles histoires du Vin
Claude Chapuis

Les mille visages de Sartre
Les 50 plus belles histoires de Jean-Paul Sartre
Sophie Richardin

L'Empire des jeux
Les 50 plus belles histoires des jeux vidéo
Vincent Montagnana

A paraître

Histoire et civilisations

Napoléon, le sceau de l'Aigle
Les 50 plus belles histoires de Napoléon
Irène Delage